NEJLEPŠÍ KUCHAŘKA NA RÁNO

100 muffinů, rohlíků, sušenek, snídaňových chlebů a dalších

Jana Kubicová

Materiál chráněný autorským právem ©2024

Všechna práva vyhrazena

Žádná část této knihy nesmí být použita nebo přenášena v jakékoli formě nebo jakýmikoli prostředky bez řádného písemného souhlasu vydavatele a vlastníka autorských práv, s výjimkou krátkých citací použitých v recenzi. Tato kniha by neměla být považována za náhradu lékařských, právních nebo jiných odborných rad.

OBSAH

OBSAH 3
ÚVOD 6
MUFFINY 8
   1. Morning Glory Muffins 9
   2. Muffiny s pekanovým koláčem 11
   3. Muffiny z červeného rybízu 13
   4. Oranžovo-rybízové muffiny 15
   5. Otrubové muffiny 17
   6. Jablečno-smetanové muffiny 19
   7. Muffiny s mrkví a rybízem 22
   8. Lunchbox špenátové muffiny 25
   9. Mini borůvkové muffiny se streusel 27
  10. Limoncello muffiny 29
  11. Mocha muffiny 31
  12. Borůvkový hrnek Muffin 33
  13. Muffin s banánovým ořechem 35
  14. Malinový mandlový hrnkový muffin 37
  15. Marshmallow Muffin Puffs 39
  16. Dalgona muffiny 41
  17. Borůvkové avokádové mini muffiny 43
  18. Lunchbox Mini vaječné muffiny 45
  19. Oreo muffiny 47
  20. Ovesné jogurtové muffiny 49
  21. Mini Frittata Muffiny zabalené v prosciuttu 51
ROLÍČKY 53
  22. Oranžové kávové rolky 54
  23. Růžová limonáda se skořicí 57
  24. Čokoládové Oreo skořicové rolky 59
  25. Red Velvet Cinnamon Rolls 62
  26. Přes noc karamelové ořechové rolky 65
  27. Bramborové skořicové rolky 67
  28. Šlehačkové pekanové skořicové rolky 70
  29. Jablečná omáčka skořicové rolky 72
  30. Oranžové skořicové rolky 75
ŠUŠENKA 77
  31. Sladké bramborové sušenky 78
  32. Podmáslí sušenky 80
  33. Pepperoni a čedarové snídaňové sušenky 82
  34. Okamžiky tání bezového květu 84
  35. Country šunkové sušenky 86

36. Klobásová omáčka a sušenky 88
SNÍDAŇOVÉ CHLEBY 90
37. Banánový chléb kořeněný chai 91
38. Pumpkin Spice Banánový chléb 94
39. Cinnamon Swirl Banana Bread 97
40. Banánový chléb Açaí 100
41. Rozinkový sladký chléb 102
42. Glazovaný trojitý bobulový banánový chléb 105
43. Banánový chléb s borůvkami 108
44. Tropický banánový chléb 110
45. Mango banánový chléb 113
46. Černý les banánový chléb 115
47. Kokosový chléb Amaretto 118
48. Řepný ořechový chléb 120
SNÍDAŇOVÉ CHLEBÍČKY 122
49. Mini sendviče Caprese 123
50. Mini sendviče s kuřecím salátem 125
51. Mini krůtí a brusinkové sendviče 127
52. Mini posuvníky na šunku a sýr 129
53. Mini Veggie Club sendviče 131
54. Mini sendviče s okurkou a smetanovým sýrem 133
55. Mini sendviče s uzeným lososem a koprem 135
56. Mini sendviče s vaječným salátem 137
57. Mini sendviče s pečeným hovězím a křenem 139
58. Mini sendviče s řeřichou a ředkvičkou 141
SCONES 143
59. Mimózové koláčky 144
60. Narozeninové koláčky 146
61. Cappuccino koláčky 149
62. Zázvorové a rybízové koláčky 151
63. Skořicové vlašské koláčky 153
64. Limoncello koláčky 156
65. Skořicové kávové koláčky 158
66. Kokosové a ananasové koláčky 160
67. Dýňové brusinkové koláčky 163
68. Růžové limonádové koláčky 165
69. Máslové koláčky 167
70. Mučenkové koláčky 169
71. Mátové koláčky 171
72. Višňové koláčky Amaretto 173
73. Toblerone koláčky 175
74. Yuzu koláčky 177
75. Pistáciové koláčky 179

76. Ovesné skořicové koláčky 181
77. Margarita Sconesová 184
78. Koláčky z kokosové mouky s cukrovou polevou 186
79. Zázvorové a rybízové koláčky 189

MINIATURNÍ DORTY 191
80. Třešňový kávový dort 192
81. Mini Victoria piškotový dort 194
82. Mini Lemon Drizzle Cake 196
83. Mini čokoládové Éclairs 198
84. Mini kávový ořechový dort 200
85. Mini odpolední čajové koláčky 202
86. Mini Mrkvový dort Bites 205
87. Mini červené sametové dorty 207

CROISSANTY 209
88. Croissanty s chlebem a máslem s Toblerone 210
89. Croissanty Toblerone 212
90. Nutella a banánové croissanty 214
91. S'mores Croissanty 216
92. Snídaňové croissantové sendviče 219
93. Klasický croissant se slaninou, vejci a sýrem 221
94. Pomeranč, mandlový croissant lepkavé housky 223
95. Pistáciové croissanty 225
96. Oříškové čokoládové croissanty 227
97. Malinové croissanty 229
98. Broskvové croissanty 231
99. Jahodové croissanty v čokoládě 233
100. Perníkové croissanty 235

ZÁVĚR 237

ÚVOD

Představte si, že se probudíte s vůní čerstvě upečených dobrot, které se linou vzduchem a lákají vás začít svůj den na lahodnou notu. Nejlepší ranní pochoutky zahrnují nesčetné množství lahůdek, od nadýchaných muffinů a listových rohlíků až po máslové sušenky a vydatné snídaňové chleby, z nichž každý nabízí výbuch chuti a pohodlí, které udává perfektní tón pro nadcházející den.

Muffiny se svou jemnou texturou a nekonečnými možnostmi chutí jsou typickými ranními požitky. Ať už dáváte přednost klasické borůvce, dekadentní čokoládě nebo pikantnímu špenátu a fetě, je tu muffin, který uspokojí všechny chuťové buňky. Tyto kapesní pochoutky jsou nejen vhodné pro rušná rána, ale také je lze přizpůsobit tak, aby vyhovovaly dietním preferencím, jako jsou bezlepkové nebo veganské možnosti.

Rohlíky, ať už jsou to skořicové, pomerančové nebo lepkavé pekanové ořechy, pozvednou ranní zážitek svou jemnou drobenkou a mazlavou náplní. Zakousnutí do teplé, čerstvě upečené rolády odhaluje vrstvy sladkosti a tepla, takže není možné odolat sáhnout po vteřinách. Rohlíky dodají každé ranní rutině nádech požitkářství, ať už si jej vychutnáte u šálku kouřící kávy nebo jako hlavní součást pomazánky na brunch.

Sušenky se svými šupinatými vrstvami a máslovou bohatostí jsou oblíbeným základem jižní kuchyně i ranních menu. Ať už se snoubí se slanou klobásovou omáčkou, pokapané medem nebo plněné sýrem a bylinkami, sušenky nabízejí nádhernou kombinaci pohodlí a spokojenosti, která zanechá chuťové buňky touhu více. Jednoduchost ingrediencí je v rozporu se složitostí chutí, díky čemuž jsou sušenky nadčasové oblíbené pro milovníky snídaně.

Snídaňové chleby, jako je banánový chléb, cuketový chléb a dýňový chléb, nabízejí zdravý začátek dne díky své vlhké struktuře a přirozené sladkosti. Tyto chleby, naložené ovocem, zeleninou a ořechy, jsou nejen chutné, ale také výživné a poskytují zdroj energie a uspokojení, které vydrží i po ranních hodinách. Ať už si vychutnáte obyčejné nebo opečené s kopečkem másla, snídaňové chleby jsou vynikajícím způsobem, jak začlenit zdravé ingredience do vaší ranní rutiny.

Kromě této klasiky je svět ranních pochoutek obrovský a rozmanitý a zahrnuje vše od koláčků a kávových dortů po croissanty a dánské pečivo. Každý pamlsek nabízí své vlastní jedinečné kouzlo, ať už jde o vločkovitost croissantu, drobivou polevu kávového dortu nebo jemnou sladkost koláčku. S nekonečnými možnostmi k prozkoumání slibují ultimátní ranní pochoutky potěšit a inspirovat a proměnit obyčejné v neobyčejné s každým lahodným soustem.

MUFFINY

1. Morning Glory Muffins

SLOŽENÍ:
- 2 hrnky univerzální mouky
- 1 ¼ šálku cukru
- 2 lžičky jedlé sody
- 2 lžičky skořice
- ½ lžičky soli
- 2 šálky mrkve, oloupané a nastrouhané
- ½ šálku rozinek
- ½ šálku nasekaných pekanových ořechů
- 3 vejce, rozšlehaná
- 1 šálek oleje
- 1 jablko, oloupané, zbavené jádřinců a nastrouhané
- 2 lžičky vanilkového extraktu

INSTRUKCE:
a) Ve velké míse smíchejte mouku, cukr, jedlou sodu, skořici a sůl.
b) Vmíchejte mrkev, rozinky a pekanové ořechy. V samostatné misce smíchejte vejce, olej, jablko a vanilku.
c) Přidejte vaječnou směs do směsi mouky; míchejte, dokud se nespojí. Lžící nalijte do vymazaných nebo papírem vyložených košíčků na muffiny, naplňte je do ¾.
d) Pečte při 350 stupních 15 až 18 minut dozlatova.

2.Muffiny s pekanovým koláčem

SLOŽENÍ:
- 1 šálek světle hnědého cukru, zabalený
- ½ šálku univerzální mouky
- 2 vejce, rozšlehaná
- ⅔ šálků másla, rozpuštěného
- 1 šálek nasekaných pekanových ořechů
- Volitelně: půlky pekanových ořechů

INSTRUKCE:
a) V míse smícháme všechny ingredience kromě půlek pekanových ořechů. Naplňte vymaštěné košíčky na mini muffiny do ⅔.
b) Pokud používáte, naplňte každý polovinou pekanového ořechu.
c) Pečte při 350 stupních 12 až 15 minut dozlatova.

3.Muffiny z červeného rybízu

SLOŽENÍ:
- 1 hrnek cukru
- 2 šálky červeného rybízu
- 1 ½ šálku univerzální mouky
- ½ šálku celozrnné mouky
- 1 lžička prášku do pečiva
- ½ šálku mléka
- 1 ½ lžičky vanilkového extraktu
- ½ šálku másla, rozpuštěného
- 2 bio vejce, velká
- ½ lžičky soli

VOLITELNÉ INGREDIENCE
- Hrubý cukr na posypání
- ¼ šálku loupaných mandlí

INSTRUKCE:
a) Formy na muffiny vyložte vložkami a poté předem předehřejte troubu na 375 F.
b) Dále ve středně velké až velké míse prošlehejte mouku s práškem do pečiva, cukrem a solí, dokud se dobře nepromísí, směs odstavte.
c) V malé odměrce nebo misce na tekutiny ušlehejte mléko s rozpuštěným máslem, extraktem a vejci. Nalijte tuto směs na suché přísady a pokračujte v míchání přísad, dokud se nespojí. Přiklopte rybíz, ½ šálku rybízu si nechte stranou nahoru.
d) Naplňte každý košíčky na muffiny připraveným těstem přibližně do ¾ a každý košíček ozdobte odloženým rybízem a cukrem nebo mandlemi. Ujistěte se, že šálky nepřeplňujete. Pečte v předehřáté troubě 25 až 30 minut, dokud nezezlátne a nevytáhnete párátko čisté.

4.Oranžovo-rybízové muffiny

SLOŽENÍ:
- 2 ¼ šálků univerzální mouky
- ¼ šálku koncentrátu pomerančové šťávy, zmrazené a rozmražené
- 2 lžičky pomerančové kůry, nastrouhané
- ¾ šálku mléka
- 1 mírně rozšlehané vejce, velké
- ½ šálku cukru
- 3 lžičky prášku do pečiva
- ¼ šálku rozinek nebo rybízu
- 1 lžička pomerančové kůry, nastrouhaná
- 1/3 šálku rostlinného oleje
- 3 lžíce cukru
- ¼ lžičky soli

INSTRUKCE:
a) Vyložte formu na muffiny standardní velikosti s vložkami na muffiny a poté předehřejte troubu na 400 F.
b) Šlehejte mléko s koncentrátem šťávy, olejem, vejcem a 2 lžičkami pomerančové kůry ve velké míse, dokud se dobře nesmíchá. Po dokončení vmíchejte mouku a poté ½ šálku cukru, prášek do pečiva a sůl, dokud mouka nezměkne, a poté vmíchejte rybíz nebo rozinky.
c) Připravené těsto rovnoměrně rozdělte do košíčků na muffiny. Smíchejte 1 lžičku pomerančové kůry a 3 lžíce cukru a poté nasypte na těsto v košíčkách.
d) Pečte do světle zlatohnědé barvy po dobu 20 až 25 minut. Ihned vyjměte z pánve. Ihned podávejte a vychutnejte si.

5.Otrubové muffiny

SLOŽENÍ:
- 2 šálky otrubových cereálních vloček nebo 1 ¼ šálku cereálií
- ½ lžičky vanilky
- 1 ¼ šálku univerzální mouky
- ½ šálku hnědého cukru, balené
- 3 lžičky prášku do pečiva
- 1 bio vejce, velké
- ¼ lžičky mleté skořice
- ¼ šálku rostlinného oleje
- 1 1/3 šálku mléka
- ¼ lžičky soli

INSTRUKCE:
a) Naplňte každý z muffinových košíčků papírovým pečicím košíčkem a poté předem předehřejte troubu na 400 F.
b) Poté cereálie naválejte do velkého znovu uzavíratelného plastového sáčku pomocí válečku a rozdrťte cereálie na jemné drobky.
c) Míchejte drcené cereálie s mlékem, vanilkou a rozinkami ve středně velké míse, dokud se dobře nepromíchají. Necháme pár minut stát, dokud cereálie nezměknou. Pomocí vidličky rozšleháme vejce a olej.
d) Mouku míchejte s práškem do pečiva, hnědým cukrem, skořicí a solí v samostatné středně velké míse, dokud se dobře nepromíchá. Připravenou moučnou směs vmícháme do cereální směsi, dokud mouka nezvlhne. Těstem rovnoměrně rozdělte připravené poháry.
e) Pečte, dokud párátko nevyjde čisté, 20 až 25 minut. Po dokončení nechte 5 minut vychladnout na pánvi, vyjměte na chladicí mřížku a nechte zcela vychladnout. Ihned podávejte a vychutnejte si.

6.Jablečno-smetanové muffiny

SLOŽENÍ:
PRO STREUSELA
- 3 lžíce hnědého cukru, zabalené
- 1 lžíce margarínu nebo másla, změkčeného
- 2 lžíce univerzální mouky

NA MUFFINY
- 1/3 šálku smetanového sýra
- 1 jablko, velké, oloupané a nastrouhané
- ¾ šálku hnědého cukru, balené
- ½ lžičky soli
- 1 ¾ šálku univerzální mouky
- ¼ šálku jablečného pyré
- 1 lžička prášku do pečiva
- ½ lžičky mleté skořice
- 2 rozšlehaná vejce, velká
- 2/3 šálku oleje
- 1 lžička vanilky

INSTRUKCE:

a) Vyložte 15 košíčků na muffiny papírovými košíčky na pečení a poté si předem předehřejte troubu na 350 F. Přibližně 1 polévkovou lžíci hnědého cukru si v muffinech nechte na plnění.

b) Poté smíchejte zbylý hnědý cukr s 1 ¾ šálku mouky, práškem do pečiva, skořicí a solí pomocí elektrického mixéru ve velké míse, dokud se dobře nepromíchá, při nízké rychlosti. Na náplň si nechejte 1 polévkovou lžíci rozšlehaného vejce. Do moučné směsi přidejte jablečný protlak, olej, zbylé vejce a vanilku. Pokračujte v šlehání ingrediencí, dokud se dobře nepromíchají, při střední rychlosti. Jakmile je hotovo, vmíchejte jablko pomocí lžíce.

c) Nyní smíchejte smetanový sýr s odloženým hnědým cukrem a rezervovaným vejcem v malé míse. Každý košíčky na muffiny naplňte přibližně do 2/3 připraveným těstem. Na každý nasypte 1 lžičku smetanové sýrové směsi a pak navrch přidejte lžíci zbylého těsta. Smíchejte všechny ingredience na streusel dohromady v malé míse a nasypte na těsto.

d) Pečte v předehřáté troubě, dokud nevyjde párátko čisté, po dobu 22 až 26 minut. Vyjměte z pánve a nechte 8 až 10 minut mírně vychladnout.

7. Muffiny s mrkví a rybízem

SLOŽENÍ:
- 1/3 šálku baleného hnědého cukru
- ¼ šálku obyčejného řeckého jogurtu
- 1 šálek staromódního rolovaného ovsa
- ½ lžičky jedlé sody
- 1 lžíce octa
- ¼ lžičky nového koření
- 1 hrnek univerzální mouky
- ¼ šálku celozrnné mouky nebo bílé celozrnné mouky
- 1 lžička prášku do pečiva
- ¾ šálku mléka bez mléka nebo normálního mléka
- 1 lžička mleté skořice
- 1/8 lžičky mletého muškátového oříšku
- ¼ šálku neslazeného jablečného pyré
- 1 bio vejce, velké
- ¼ lžičky vanilky
- 1/3 šálku rybízu
- 1 hrnek mrkve, nastrouhané nebo nastrouhané
- ½ šálku pečicích vlašských ořechů, nasekaných
- ¼ šálku másla, rozpuštěného a mírně vychladlého
- ¼ lžičky soli

INSTRUKCE:
a) Smíchejte oves s mlékem, jogurtem a octem ve velké míse, ingredience dobře promíchejte a nechte hodinu odležet, dokud oves nezměkne.
b) Dále lehce potřete nepřilnavou formu na muffiny máslem a poté předehřejte troubu na 375 F předem.
c) V samostatné středně velké míse smíchejte mouku s novým kořením, práškem do pečiva, muškátovým oříškem, jedlou sodou, skořicí a solí.
d) V míse s ovesnou směsí smíchejte vejce s vanilkou, jablečnou omáčkou, hnědým cukrem, máslem, rybízem a mrkví, dále ingredience míchejte vidličkou, dokud se dobře nespojí.
e) Suché ingredience smícháme dohromady a připravenou moučnou směs pomalu přes síto nebo síto prosíjeme do mrkvové směsi. Po

dokončení ingredience dobře promíchejte vidličkou, dokud se nespojí.
f) Jakmile je hotovo, ihned vmícháme vlašské ořechy.
g) Připravenou formu na muffiny naplňte připraveným těstem přibližně do ¾.
h) Pečte v předehřáté troubě, dokud nevyjde párátko čisté, po dobu 15 až 20 minut. Dejte stranou na mřížku, aby úplně vychladla. Podávejte a užívejte si.

8. Lunchbox Špenátové muffiny

SLOŽENÍ:
- 2 hrnky univerzální mouky
- 1 lžička prášku do pečiva
- ½ lžičky soli
- ½ lžičky česnekového prášku
- ¼ lžičky černého pepře
- 2 šálky čerstvého špenátu, nakrájeného
- 1 šálek mléka
- ¼ šálku nesoleného másla, rozpuštěného
- 2 vejce
- 1 šálek strouhaného sýra čedar

INSTRUKCE:
a) Předehřejte troubu na 375 °F (190 °C) a vyložte formu na muffiny papírovými vložkami nebo ji vymažte tukem.
b) Ve velké míse smíchejte mouku, prášek do pečiva, sůl, česnekový prášek a černý pepř.
c) V mixéru nebo kuchyňském robotu rozmixujte nakrájený špenát, mléko, rozpuštěné máslo a vejce do hladka.
d) Špenátovou směs nalijte do mísy se suchými přísadami a míchejte, dokud se nespojí.
e) Vmícháme nastrouhaný sýr čedar.
f) Těsto rovnoměrně rozdělte do košíčků na muffiny.
g) Pečte 15–18 minut, nebo dokud párátko zapíchnuté do středu muffinu nevyjde čisté.
h) Než muffiny zabalíte do krabičky, nechte vychladnout.

9. Mini borůvkové muffiny se streusel

SLOŽENÍ:
NA MUFFINY:
- ¾ lžičky xanthanové gumy
- 1 šálek borůvek, čerstvých
- ¾ lžičky jedlé sody
- ½ šálku cukru
- 1 ½ šálku univerzální směsi rýžové mouky, bez lepku
- ½ lžičky bezlepkového prášku do pečiva
- 2 bio vejce, velká
- ¼ šálku rozpuštěného kokosového oleje
- ½ lžičky mleté skořice
- 1 šálek mandlového mléka
- ¼ lžičky soli

PRO STREUSELA:
- 2 lžíce univerzální směsi rýžové mouky, bez lepku
- ¼ šálku ovesných vloček, bez lepku
- 1 lžička vody
- ¼ šálku vlašských ořechů, nasekaných
- 1 lžíce kokosového oleje
- 1/3 šálku světle hnědého cukru

INSTRUKCE:
a) Lehce potřete 24 mini muffinových košíčků sprejem na vaření a poté předem předehřejte troubu na 350 F.
b) Poté smíchejte všechny ingredience na streusel dohromady ve středně velké míse, dokud se dobře nepromíchají, a směs dejte stranou.
c) Smíchejte 1 ½ šálku směsi mouky s práškem do pečiva, xanthanovou gumou, jedlou sodou, skořicí a solí ve velké míse a dobře prošlehejte metličkou. Přidejte zbylé ingredience a nakonec vmíchejte čerstvé borůvky. Připraveným těstem rovnoměrně naplňte košíčky na muffiny. Do každého šálku nasypte lžičku streusel.
d) Pečte v předehřáté troubě, dokud nevyjde párátko čisté, po dobu 20 až 25 minut. Přendejte na mřížku a nechte 10 minut vychladnout, podávejte a vychutnávejte.

10. Limoncello muffiny

SLOŽENÍ:
- 2 hrnky univerzální mouky
- ½ šálku cukru
- 1 lžička prášku do pečiva
- ¼ lžičky soli
- ½ šálku rozpuštěného másla
- ¾ šálku mléka
- ¼ šálku likéru Limoncello
- 2 velká vejce
- Kůra ze 2 citronů

INSTRUKCE:
a) Předehřejte troubu na 375 °F (190 °C) a vyložte formu na muffiny papírovými vložkami.
b) Ve velké míse smíchejte mouku, cukr, prášek do pečiva a sůl.
c) V jiné míse prošlehejte rozpuštěné máslo, mléko, Limoncello, vejce a citronovou kůru.
d) Nalijte mokré ingredience do suchých a míchejte, dokud se nespojí.
e) Těsto rovnoměrně rozdělte do košíčků na muffiny, každý naplňte asi do ¾.
f) Pečte 18–20 minut, nebo dokud párátko zapíchnuté do středu nevyjde čisté.
g) Muffiny nechte pár minut vychladnout na pánvi a poté je přendejte na mřížku, aby úplně vychladly.

11. Mocha muffiny

SLOŽENÍ:
- 2 hrnky univerzální mouky
- ¾ šálků plus 1 polévková lžíce cukru
- 2½ lžičky prášku do pečiva
- 1 lžička skořice
- ½ lžičky soli
- 1 šálek mléka
- 2 polévkové lžíce plus ½ čajové lžičky granulí instantní kávy, rozdělené
- ½ šálku másla, rozpuštěného
- 1 vejce, rozšlehané
- 1½ lžičky vanilkového extraktu, rozdělené
- 1 šálek mini polosladkých čokoládových lupínků, rozdělených
- ½ šálku smetanového sýra, změkčeného

INSTRUKCE:
a) Ve velké míse smíchejte mouku, cukr, prášek do pečiva, skořici a sůl.
b) Smíchejte dohromady mléko a 2 polévkové lžíce kávových granulí v samostatné misce, dokud se káva nerozpustí.
c) Přidejte máslo, vejce a jednu lžičku vanilky; dobře promíchejte. Vmíchejte do suchých ingrediencí, dokud nezvlhnou. Vmíchejte ¾ šálku čokoládových lupínků.
d) Vymazané nebo papírem vyložené košíčky na muffiny naplňte do ⅔. Pečeme při 375 stupních 17 až 20 minut. Před vyjmutím z pánví na mřížky nechte 5 minut vychladnout.
e) Smíchejte smetanový sýr a zbývající kávové granule, vanilku a čokoládové lupínky v kuchyňském robotu nebo mixéru. Zakryjte a zpracujte, dokud se dobře nesmíchá.
f) Vychlazenou pomazánku podáváme bokem.

12.Borůvkový hrnek Muffin

SLOŽENÍ:
- 4 lžíce univerzální mouky
- 2 lžíce krystalového cukru
- ⅛ lžičky prášku do pečiva
- Špetka soli
- 3 lžíce mléka
- 1 lžíce rostlinného oleje
- ¼ lžičky vanilkového extraktu
- Hrst čerstvých nebo mražených borůvek

INSTRUKCE:
a) V hrnku vhodném do mikrovlnné trouby smíchejte univerzální mouku, krystalový cukr, prášek do pečiva a špetku soli. Dobře promíchejte, aby se spojily.
b) Do hrnku přidejte mléko, rostlinný olej a vanilkový extrakt. Míchejte, dokud nebude těsto hladké a nezůstanou žádné hrudky.
c) Jemně vmíchejte čerstvé nebo mražené borůvky do těsta a rovnoměrně je rozložte.
d) Vložte hrnek do mikrovlnné trouby a vařte na vysoký výkon asi 1-2 minuty, nebo dokud muffin nevykyne a nebude uprostřed. Přesná doba vaření se může lišit v závislosti na výkonu vaší mikrovlnné trouby, takže ji sledujte.
e) Opatrně vyjměte hrnek z mikrovlnné trouby (může být horký) a nechte muffin minutu nebo dvě vychladnout, než si ho vychutnáte.
f) Muffin můžete jíst přímo z hrnku nebo jej pomocí lžičky přenést na talíř či misku.
g) Volitelně můžete vršek muffinu poprášit moučkovým cukrem nebo pokapat polevou z moučkového cukru a trochou mléka pro sladkost.
h) Vychutnejte si svůj domácí borůvkový muffin hned, dokud je ještě teplý a lahodný!

13. Muffin s banánovým ořechem

SLOŽENÍ:
- 4 lžíce univerzální mouky
- 2 lžíce krystalového cukru
- ¼ lžičky prášku do pečiva
- Špetka soli
- ½ zralého banánu, rozmačkaný
- 2 lžíce mléka
- 1 lžíce rostlinného oleje
- 1 lžíce nasekaných vlašských ořechů (volitelně)

INSTRUKCE:
a) V hrnku vhodném do mikrovlnné trouby smíchejte mouku, cukr, prášek do pečiva a sůl.
b) Přidejte rozmačkaný banán, mléko a rostlinný olej a míchejte, dokud se dobře nespojí. Vmícháme nasekané vlašské ořechy.
c) Pečte v mikrovlnné troubě na vysoký výkon po dobu 1-2 minut nebo dokud není muffin propečený.

14. Malinový mandlový hrnkový muffin

SLOŽENÍ:
- 4 lžíce univerzální mouky
- 2 lžíce krystalového cukru
- ¼ lžičky prášku do pečiva
- Špetka soli
- 2 lžíce mléka
- 1 lžíce rostlinného oleje
- ¼ lžičky mandlového extraktu
- Hrst čerstvých nebo mražených malin
- Nakrájené mandle na polevu

INSTRUKCE:
a) V hrnku vhodném do mikrovlnné trouby smíchejte mouku, cukr, prášek do pečiva a sůl.
b) Přidejte mléko, rostlinný olej a mandlový extrakt a míchejte, dokud se dobře nespojí.
c) Jemně vmícháme maliny. Pečte v mikrovlnné troubě na vysoký výkon po dobu 1-2 minut nebo dokud není muffin propečený.
d) Posypeme plátky mandlí.

15. Marshmallow Muffin Puffs

SLOŽENÍ:
- 1 trubice srpkovité role
- 8 marshmallows
- 3 lžíce másla, rozpuštěného
- 3 lžíce cukru
- 1 lžička skořice

INSTRUKCE:
a) Předehřejte troubu na 375 stupňů F. Vymažte 8 košíčků na muffiny.
b) V malé misce rozpustíme máslo.
c) V další malé misce smíchejte skořici a cukr.
d) Rolujte marshmallow v rozpuštěném másle; poté obalíme ve směsi skořice a cukru. Zabalte do trojúhelníku ve tvaru půlměsíce a pevně uzavřete.
e) Vložte je do připravené pánve. Pečte 8-10 minut dozlatova.

16. Dalgona muffiny

SLOŽENÍ:
- 2 hrnky univerzální mouky
- ½ šálku cukru
- 1 lžička prášku do pečiva
- ½ lžičky soli
- 1 šálek mléka
- ½ šálku rostlinného oleje
- 2 vejce
- 2 lžíce instantní kávy
- 2 lžíce horké vody

INSTRUKCE:
a) Předehřejte troubu na 375 °F (190 °C) a vyložte formu na muffiny papírovými vložkami.
b) V míse smíchejte mouku, cukr, prášek do pečiva a sůl.
c) V samostatné misce smíchejte mléko, rostlinný olej a vejce.
d) Postupně přidávejte mokré ingredience k suchým a míchejte, dokud se nespojí.
e) V malé misce smíchejte instantní kávu a horkou vodu do pěny.
f) Kávovou pěnu jemně vmíchejte do těsta.
g) Každý košíček na muffiny naplňte těstem asi do ¾.
h) Pečte 18–20 minut, nebo dokud párátko zapíchnuté do středu nevyjde čisté.
i) Před podáváním nechte muffiny vychladnout.
j) Užijte si nádherné muffiny Dalgona jako pochoutku ke snídani nebo svačinu!

17. Borůvkové avokádové mini muffiny

SLOŽENÍ:
- 1 hrnek univerzální mouky
- ½ šálku ovsa
- ½ šálku cukru
- 1 ½ lžičky prášku do pečiva
- ¼ lžičky soli
- 1 zralé avokádo, rozmačkané
- ½ šálku mléka
- 1 velké vejce
- 1 lžička vanilkového extraktu
- 1 šálek čerstvých nebo mražených borůvek

INSTRUKCE:

a) Předehřejte troubu na 375 °F (190 °C) a vyložte formu na mini muffiny papírovými vložkami nebo ji vymažte tukem.
b) Ve velké míse prošlehejte mouku, oves, cukr, prášek do pečiva a sůl.
c) V samostatné misce smíchejte rozmačkané avokádo, mléko, vejce a vanilkový extrakt.
d) Přidejte mokré ingredience k suchým a míchejte, dokud se nespojí.
e) Jemně vmícháme borůvky.
f) Těsto nalijte do mini košíčků na muffiny, každý naplňte asi do tří čtvrtin.
g) Pečte 12–15 minut, nebo dokud párátko zapíchnuté do středu muffinu nevyjde čisté.
h) Mini muffiny nechte vychladnout, než je zabalíte do krabičky na oběd.

18.Lunchbox Mini vaječné muffiny

SLOŽENÍ:
- 6 vajec
- ¼ šálku mléka
- ½ šálku strouhaného sýra čedar
- ¼ šálku nakrájené zeleniny (paprika, špenát, houby atd.)
- Sůl a pepř na dochucení

INSTRUKCE:
a) Předehřejte troubu na 350 °F (175 °C) a vymažte formu na mini muffiny.
b) V míse prošlehejte vejce, mléko, sůl a pepř.
c) Vmícháme sýr a na kostičky nakrájenou zeleninu.
d) Směs nalijte do připravené formy na muffiny, každý košíček naplňte asi do dvou třetin.
e) Pečte 12–15 minut nebo dokud muffiny nezezlátnou a nezezlátnou.
f) Před zabalením do krabičky je nechte vychladnout.

19.Oreo muffiny

SLOŽENÍ:
- 1¾ šálku univerzální mouky
- ½ šálku cukru
- 1 lžička prášku do pečiva
- ½ lžičky soli
- ¾ šálku mléka
- ⅓ šálku zakysané smetany
- 1 vejce
- ¼ šálku margarínu, rozpuštěného
- 20 Oreo čokoládových sendvičových sušenek, hrubě

INSTRUKCE:
a) Ve střední míse smíchejte mouku, cukr, prášek do pečiva a sůl a dejte stranou.
b) V malé misce smíchejte mléko, zakysanou smetanu a vejce a vmíchejte do směsi mouky s margarínem, dokud se nesmíchá.
c) Jemně vmíchejte sušenky.
d) Lžící těsto nalijte do 12 vymazaných 2½palcových košíčků na muffiny.
e) Pečte při 400 F po dobu 20 až 25 minut.
f) Vyjměte z pánve a ochlaďte na mřížce. Podávejte teplé nebo studené.

20.Ovesné jogurtové muffiny

SLOŽENÍ:
- 2¼ hrnku ovesné mouky
- 1 lžička prášku do pečiva
- ¾ lžičky soli
- ½ šálku suchého sladidla
- ⅔ šálku neslazeného rostlinného mléka
- ½ šálku neslazeného jablečného pyré
- ½ šálku bílého neslazeného sójového jogurtu
- 2 lžičky čistého vanilkového extraktu
- 1 ¼ šálku bobulí (jako jsou borůvky, maliny nebo ostružiny), rozpůlené

INSTRUKCE:
a) Předehřejte troubu na 350 °F. Formu na 12 hrnků na muffiny vyložte silikonovými vložkami nebo si připravte nepřilnavou nebo silikonovou formu na muffiny (viz doporučení).

b) Ve středně velké míse prosejeme mouku, prášek do pečiva, sůl a suché sladidlo. Uprostřed udělejte důlek a nalijte do něj rostlinné mléko, jablečný protlak, jogurt a vanilku. Mokré ingredience v dobře promíchejte. Poté smíchejte mokré a suché ingredience tak dlouho, dokud suché ingredience nezvlhnou (nepřemíchejte). Přiklopte bobule.

c) Každý košíček na muffiny naplňte do ¾ těsta a pečte 22 až 26 minut. Nůž zasunutý středem by měl vyjít čistý.

d) Nechte muffiny úplně vychladnout, asi 20 minut, poté opatrně přejeďte nožem po okrajích každého muffinu, abyste je odstranili.

21.Mini Frittata Muffiny zabalené v prosciuttu

SLOŽENÍ:
- 4 lžíce tuku
- ½ střední cibule, nakrájená nadrobno
- 3 stroužky česneku, nasekané
- ½ kila cremini hub, nakrájených na tenké plátky
- ½ libry zmrazeného špenátu, rozmraženého a vyždímaného do sucha
- 8 velkých vajec
- ¼ šálku kokosového mléka
- 2 lžíce kokosové mouky
- 1 šálek cherry rajčat, rozpůlených
- 5 uncí prosciutto di Parma
- Kóšer sůl
- Čerstvě mletý pepř
- Obyčejná forma na 12 hrnků na muffiny

INSTRUKCE:
a) Předehřejte troubu na 375 °F.
b) Polovinu kokosového oleje rozehřejte na středním plameni ve velké litinové pánvi a orestujte cibuli, dokud nebude měkká a průsvitná
c) Přidejte česnek a houby a vařte je, dokud se houbová vlhkost neodpaří. Poté náplň dochuťte solí a pepřem a po lžících ji na talíři vychladněte na pokojovou teplotu
d) Na těsto rozšlehejte vejce ve velké míse s kokosovým mlékem, kokosovou moukou, solí a pepřem, dokud se dobře nepromíchají. Poté přidejte restované houby a špenát a promíchejte, aby se spojily.
e) Formu na muffiny potřete zbytkem rozpuštěného kokosového oleje a každý košíček vyložte prosciuttem, přičemž dbejte na to, abyste zcela zakryli dno a boky.
f) Vložte muffiny do trouby na asi 20 minut.

ROLÍČKY

22.Oranžové kávové rolky

SLOŽENÍ:
- 1 obálka aktivního sušeného droždí
- ¼ šálku teplé vody
- 1 šálek cukru, rozdělený
- 2 vejce, rozšlehaná
- ½ šálku zakysané smetany
- ¼ šálku plus 2 polévkové lžíce másla, rozpuštěného a rozděleného
- 1 lžička soli
- 2¾ až 3 šálky univerzální mouky
- 1 šálek strouhaného kokosu, opečený a rozdělený
- 2 polévkové lžíce pomerančové kůry

GLAZURA:
- ¾ šálků cukru
- ½ šálku zakysané smetany
- ¼ šálku másla
- 2 lžičky pomerančové šťávy

INSTRUKCE:
a) Smíchejte droždí a teplou vodu (110 až 115 stupňů) ve velké misce; nechte 5 minut stát. Přidejte ¼ šálku cukru, vejce, zakysanou smetanu, ¼ šálku másla a sůl; šlehejte při střední rychlosti elektrickým šlehačem, dokud se nesmíchá.
b) Postupně vmícháme tolik mouky, aby vzniklo vláčné těsto. Těsto vyklopte na dobře pomoučený povrch; hněteme, dokud nebude hladké a pružné (asi 5 minut).
c) Vložte do dobře vymaštěné mísy a otočte na tukem namazaný vršek. Přikryjte a nechte kynout na teplém místě (85 stupňů), bez průvanu, 1½ hodiny nebo do zdvojnásobení objemu.
d) Těsto protlačíme a rozdělíme na polovinu. Jednu část těsta vyválejte do 12palcového kruhu; potřeme jednou lžící rozpuštěného másla.
e) Smíchejte zbývající cukr, kokos a pomerančovou kůru; těsto posypeme polovinou kokosové směsi. Nakrájejte na 12 klínů; srolujte každý klín, začněte na širokém konci.
f) Vložte do vymazaného pekáče o rozměrech 13" x 9" špičkou dolů. Opakujte se zbývajícím těstem, máslem a kokosovou směsí.

g) Přikryjte a nechte kynout na teplém místě bez průvanu po dobu 45 minut nebo do zdvojnásobení objemu. Pečte při 350 stupních 25 až 30 minut dozlatova. (Po 15 minutách přikryjte hliníkovou fólií, aby se zabránilo nadměrnému zhnědnutí, je-li to nutné.) Teplé rohlíky natírejte lžící na polevu; posypeme zbylým kokosem.

GLAZURA:

h) Smíchejte všechny ingredience v malé pánvi; přivést k varu. Vařte 3 minuty za občasného míchání.

i) Necháme mírně vychladnout.

23. Růžová limonáda se skořicí

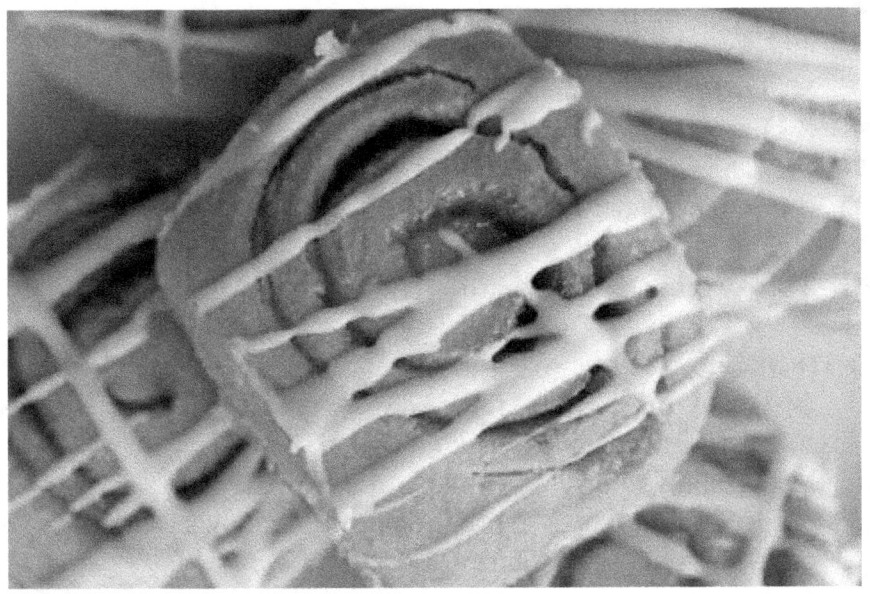

SLOŽENÍ:
- 375 ml růžové limonády
- 300 ml smetany
- 4 hrnky samokypřící mouky
- 50 g rozpuštěného másla
- ¼ šálku cukru
- 1 lžička mleté skořice
- ½ hrnku hladké mouky na obalení
- ½ citronové šťávy
- 2 hrnky moučkového cukru

INSTRUKCE:
a) Do velké mísy dejte samokypřící mouku, zalijte smetanou a růžovou limonádou a míchejte, dokud se nespojí.
b) Vyklopte na pomoučený stůl.
c) Lehce prohněteme a přimáčkneme nebo rozválíme na velký obdélník o tloušťce přibližně 1 cm.
d) Potřeme rozpuštěným máslem, posypeme cukrem a skořicí.
e) Srolujte od okraje do středu, abyste vytvořili dvě polena. Odřízněte střed, abyste vytvořili dvě polena.
f) Nakrájejte na 1 cm kolečka.
g) Pečeme při 220 C 10 minut.
h) Smíchejte moučkový cukr s citronovou šťávou. Mrholení přes svitky.

24. Čokoládové Oreo skořicové rolky

SLOŽENÍ:
SKOŘICOVÉ ROUTOVÉ TĚSTO
- ¼ šálku teplé vody
- 2 lžíce hnědého cukru
- 2¼ lžičky instantního droždí
- 2 ¾ šálků univerzální mouky
- 2 lžíce krystalového cukru
- ½ lžičky soli
- 3 lžíce nesoleného másla, rozpuštěného
- ½ šálku mléka dle výběru
- 1 velké vejce

OREO SKOŘICOVÁ ROLL ČOKOLÁDOVÁ NÁPLŇ
- ¼ šálku kakaového prášku
- ⅔ šálku mléka dle výběru
- 1 ½ šálku hořké čokolády
- 3 lžíce nesoleného másla
- 24 oreos, drcených
- 1 špetka mořské soli
- Krémová sýrová glazura

INSTRUKCE:
TĚSTO
a) V malé míse smíchejte teplou vodu, hnědý cukr a droždí.
b) Přikryjte čistou kuchyňskou utěrkou a dejte stranou k aktivaci. Vaše droždí se aktivuje, když se na povrchu směsi objeví malé bublinky.
c) V samostatné velké míse smíchejte mouku, cukr, sůl, máslo, mléko a vejce.
d) Jakmile se vaše droždí aktivuje, přidejte je do velké mísy s ostatními přísadami a míchejte, dokud se nespojí.
e) Pokryjte čistý rovný povrch moukou a rukama pokrytým moukou hnětete těsto po dobu 3 minut. Vaše těsto bude lepivé, pokračujte v přidávání mouky na ruce a povrch podle potřeby.
f) Vložte těsto zpět do mísy a přikryjte čistou kuchyňskou utěrkou, aby asi deset minut kynulo.

PLNICÍ

g) Do velké misky vhodné do mikrovlnné trouby přidejte mléko, kakaový prášek, kousky hořké čokolády a máslo. Zahřívejte v mikrovlnné troubě na vysoký výkon 1,5–2 minuty, dokud se čokoládové lupínky nerozpustí. Šlehejte do hladka. Přidejte špetku soli.
h) Rozdrťte svůj Oreos v kuchyňském robotu, dokud z něj není jemný prach.
i) Jakmile těsto zdvojnásobí svou velikost, přidejte na povrch více mouky a pomocí pomoučeného vále vyválejte těsto do obdélníkového tvaru, zhruba 9 x 12 palců.
j) Nalijte čokoládovou náplň Oreo na těsto a pomocí stěrky ji rovnoměrně rozprostřete po povrchu, přičemž na všech stranách ponechejte asi ½ palce. Navrch nasypeme v silné vrstvě rozdrcené Oreos.
k) Pracujte z kratší strany a oběma rukama začněte těsto těsně odvalovat směrem od sebe, dokud vám nezbude válec o délce asi 12 palců.
l) Nakrájejte válec na 6 stejných dílů o šířce asi 2 palce, abyste vytvořili 6 jednotlivých skořicových válečků.
m) Přidejte své skořicové rolky do 11,5palcové čtvercové zapékací mísy, přičemž mezi každou rolkou ponechejte asi palec.
n) Přikryjte čistou kuchyňskou utěrkou a nechte rolky odpočívat asi 90 minut, nebo dokud nezdvojnásobí svůj objem.
o) Předehřejte troubu na 375 °F a pečte 25-30 minut, dokud nebudou vršky vašich rohlíků zlatavě hnědé.
p) Před přidáním polevy nechte Oreo skořicové rolky asi 10 minut vychladnout. Užívat si!

25. Red Velvet Cinnamon Rolls

SLOŽENÍ:
NA SKOŘICOVÉ ROLÍČKY
- 4½ lžičky suchého droždí
- 2-½ šálku teplé vody
- 15,25 unce Box of Red Velvet cake mix
- 1 lžička vanilkového extraktu
- 1 lžička soli
- 5 šálků univerzální mouky

NA SKOŘICOVOU CUKROVOU SMĚS
- 2 šálky baleného hnědého cukru
- 4 lžíce mleté skořice
- ⅔ šálku změklého másla

NA KRÉMOVOU POLEVA
- 16 uncí každého smetanového sýra, změkčeného
- ½ šálku změklého másla
- 2 hrnky moučkového cukru
- 1 lžička vanilkového extraktu

INSTRUKCE:

a) Ve velké míse smíchejte droždí a vodu, dokud se nerozpustí.
b) Přidejte dortovou směs, vanilku, sůl a mouku. Dobře promíchejte - těsto bude lehce lepivé.
c) Misku pevně zakryjte plastovým obalem. Těsto necháme jednu hodinu kynout. Těsto protlačte a nechte znovu kynout dalších 45 minut.
d) Na lehce pomoučeném povrchu těsto rozválejte na velký obdélník silný asi ¼ palce. Máslo rovnoměrně rozetřeme po celém těstě.
e) Ve střední misce smíchejte hnědý cukr a skořici. Na máslo posypte směs hnědého cukru.
f) Srolujte jako želé, začněte na dlouhém okraji. Nakrájejte na 24 stejných dílů.
g) Vymažte dva pekáče 9 x 13 palců. Rozložte plátky skořice do pánví. Přikryjeme a necháme na teplém místě kynout, dokud nezdvojnásobí svůj objem.
h) Předehřejte troubu na 350 °F.
i) Pečte 15–20 minut nebo dokud nebude propečené.
j) Zatímco se skořicové rolky pečou, připravte si tvarohovou polevu tak, že ve střední míse rozšleháte smetanový sýr a máslo, dokud nebude krémová. Vmíchejte vanilku. Postupně přidáváme moučkový cukr.

26.Přes noc karamelové ořechové rolky

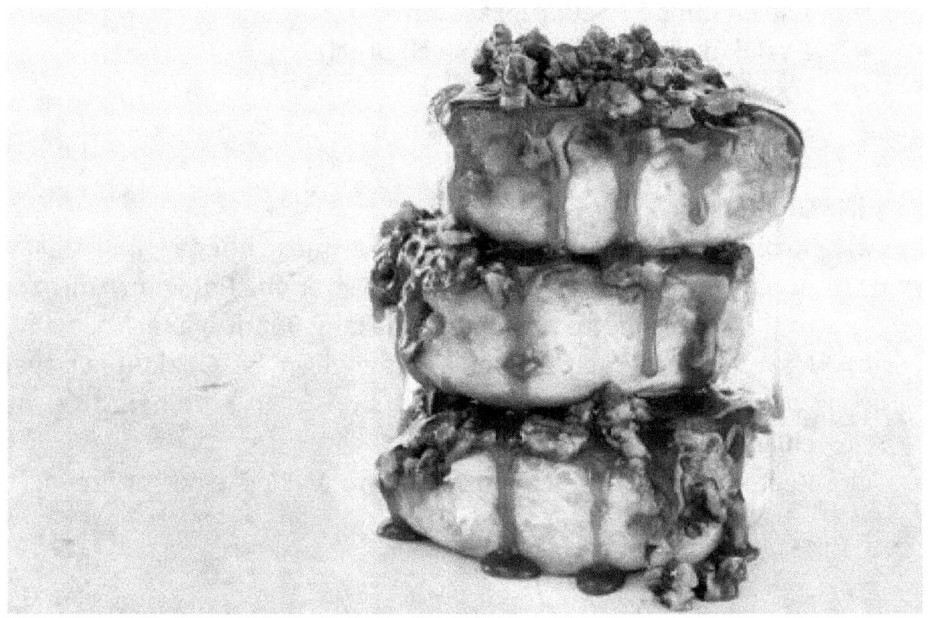

SLOŽENÍ:
- 23,4-oz balení instantní máslový pudink mix
- 1 šálek hnědého cukru, zabalený
- 1 šálek nasekaných pekanových ořechů
- ½ šálku chlazeného másla
- 36 mražených rohlíků, rozdělených

INSTRUKCE:
a) V misce smíchejte suché pudingové směsi, hnědý cukr a pekanové ořechy. Nakrájíme na máslo; dát stranou. Polovinu zmrazených rohlíků naskládejte na lehce vymazaný Bundtův plech.
b) Navrch nasypeme polovinu pudingové směsi. Opakujte vrstvení se zbylými rohlíky a pudingovou směsí. Kryt volně; přes noc v chladničce.
c) Pečte při 350 stupních jednu hodinu. Vyklopte na servírovací talíř.

27.Bramborové skořicové rolky

SLOŽENÍ:
- 1 libra brambor, vařených a rozmačkaných
- 2 šálky mléka
- 1 šálek másla
- 1 šálek plus 2 lžičky cukru
- ¾ lžičky semínka kardamonu
- 1 lžička soli
- 2 balení suchého droždí
- ½ šálku teplé vody
- 8½ šálku mouky, neprosévané
- 2 vejce
- 2 lžičky vanilky

SKOŘICOVÁ NÁPLŇ
- ¾ šálku cukru
- ¾ šálku hnědého cukru
- 2 lžičky skořice

OŘECHOVÁ PLAVA
- 3 šálky moučkového cukru
- ½ šálku nasekaných ořechů
- ¼ lžičky skořice
- 2 lžičky másla
- 4 až 5 čajových lžiček vody

INSTRUKCE:
a) Smíchejte brambory a mléko do hladka. Přidejte ½ šálku másla, 1 šálek cukru a sůl. Zahřejte na vlažné.
b) Ve velké misce smíchejte droždí, vodu a zbývající 2 lžičky cukru. Necháme odstát do zpěnění.
c) Přidejte bramborovou směs, 4 hrnky mouky, vejce a vanilku.
d) Šlehejte do hladka. Postupně vmíchejte další 3½ až 4 šálky mouky. Těsto vyklopte na pomoučněnou desku a hněťte, dokud nebude hladké a pružné po dobu 15 minut.
e) V případě potřeby přidejte více mouky. Necháme 1 ½ hodiny kynout.
f) Udeřte dolů, poklekněte, abyste odstranili bubliny. Rozdělit. Rozpusťte zbývající máslo. Každou část těsta vyválejte do obdélníku 5x18. Potřeme 3 lžičkami másla a posypeme polovinou skořicové náplně.
g) Srolovat. Nakrájejte na 12 kousků o šířce 1 ½ palce. Umístěte na pánev 9x13", potřete máslem a nechte 35-40 minut kynout. Pečeme při 350 stupních 30 minut.

28.Šlehačkové pekanové skořicové rolky

SLOŽENÍ:
- 1 šálek smetany ke šlehání
- 1½ šálku univerzální mouky
- 4 lžičky prášku do pečiva
- ¾ lžičky soli
- 2 lžíce rozpuštěného másla nebo margarínu
- Skořice a cukr
- ½ šálku světle hnědého cukru
- ½ šálku pekanových ořechů, nakrájených
- 2 lžíce smetany ke šlehání nebo odpařeného mléka

INSTRUKCE:
a) Ve středně velké míse ušlehejte smetanu, dokud se nevytvoří měkké vrcholy. Jemně vmíchejte mouku, prášek do pečiva a sůl, dokud nevznikne těsto. Na lehce pomoučeném válu 10x až 12x prohněteme. Vyválejte do 1/4" tlustého obdélníku.

b) Po celé ploše potřeme rozpuštěným máslem. Posypte skořicí a cukrem, množství dle vašeho uvážení. Srolovat jako roládu: Počínaje dlouhým koncem. Nakrájejte na ¾-palcové segmenty. Umístěte na vymazaný plech a pečte při 425 F po dobu 10-15 minut, nebo dokud velmi lehce nezhnědnou.

c) V malé misce smíchejte hnědý cukr, pekanové ořechy a 2 lžíce smetany ke šlehání, dokud se dobře nespojí. Rohlíky vyjmeme z trouby. Na každý váleček potřeme polevou. Vraťte do trouby a pečte, dokud nezačne poleva bublat asi 5 minut.

29.Jablečná omáčka skořicové rolky

SLOŽENÍ:
- 1 vejce
- 4 hrnky univerzální mouky
- 1 balení aktivního sušeného droždí
- ¾ šálku jablečného pyré
- ½ šálku odstředěného mléka
- 2 polévkové lžíce krystalového cukru
- 2 polévkové lžíce másla
- ½ lžičky soli

PLNICÍ:
- ¼ šálku jablečného pyré
- ⅓ šálku krystalového cukru
- 2 lžičky mleté skořice
- 1 hrnek cukrářského cukru
- ½ lžičky vanilkového extraktu
- 1 polévková lžíce odstředěného mléka

INSTRUKCE:
a) Předehřejte troubu na 375 stupňů F. Nastříkejte dvě kulaté pánve o průměru 8 nebo 9 palců sprejem na vaření.
b) Ve velké míse smíchejte 1½ c. univerzální mouka a droždí. V malé pánvi smíchejte ¾ c. Mott's Natural Apple Sauce, odstředěné mléko, 2 lžíce cukru, máslo a sůl. Zahřejte na střední teplotu a míchejte, dokud se nezahřeje na 120 stupňů F.
c) Těsto vyklopte na lehce pomoučenou plochu. Vmíchejte dostatek zbývající mouky, až ¼ c., abyste vytvořili středně měkké těsto, které je hladké a pružné.
d) Z těsta vytvarujte kouli. Těsto dejte do mísy lehce postříkané sprejem na vaření
e) Těsto protlačíme a vyklopíme na lehce pomoučněnou plochu. Přikryjte a nechte 10 minut odpočinout. Na lehce pomoučeném povrchu těsto rozválejte na čtverec o průměru 12 palců. Rozprostřete ¼ c. Přírodní jablečná omáčka Mott's. Spojte ⅓ c. cukr a skořice; posypat těsto.
f) Do každé pánve naaranžujte 6 rohlíků řeznou stranou dolů. Přikryjte a nechte na teplém místě kynout, dokud se nezdvojnásobí, asi 30 minut.
g) Pečte 20 až 25 minut nebo dozlatova. Chladit 5 min. Vyklopte na servírovací talíř. Zalijte směsí cukrářského cukru, vanilky a odstředěného mléka. Podávejte teplé.

30.Oranžové skořicové rolky

SLOŽENÍ:
- 1 libra mraženého chlebového těsta; rozmražené
- 3 lžíce mouky
- 2 lžíce cukru
- 1 lžička skořice
- ½ šálku moučkového cukru
- ½ lžičky nastrouhané pomerančové kůry
- 3 lžičky pomerančové šťávy
- Rostlinný olej ve spreji

INSTRUKCE:
a) Předehřejte troubu na 375°. Rozmražené chlebové těsto vyválejte na lehce pomoučené ploše na obdélník 12x8".
b) Těsto bohatě postříkejte sprejem s rostlinným olejem. Smíchejte cukr se skořicí a rovnoměrně posypte těsto. Těsto rozválejte, začněte dlouhým koncem.
c) Uzavřete šev a těsto nakrájejte na 12 kusů, každý o velikosti 1".
d) Lehce postříkejte 9" kulatý pekáč sprejem na vaření. Kousky těsta umístěte do formy tak, aby strana se švem směřovala ke dnu formy.
e) Postříkejte horní část sprejem na vaření; přikryjte a nechte na teplém místě kynout, dokud nezdvojnásobí svůj objem, asi 30 minut.
f) Rohlíky pečte 20–25 minut, dokud lehce nezhnědnou. Mírně vychladíme a vyjmeme z pánve.
g) Zatímco rohlíky chladnou, připravte si polevu smícháním moučkového cukru, pomerančové kůry a šťávy.
h) Roládu pokapeme a podáváme teplé.

ŠUŠENKA

31. Sladké bramborové sušenky

SLOŽENÍ:
- 2 hrnky samokypřící mouky
- 1 lžička krystalového cukru
- ½ lžičky tatarského krému
- ⅛ lžičky košer soli
- ½ šálku (1 tyčinka) studeného nesoleného másla, nastrouhaného (struhadlem na sýr), plus více na vrch vařených sušenek
- ½ šálku šťouchaných sladkých brambor
- ¾ šálku podmáslí, studeného
- Rostlinný olej, na mazání

INSTRUKCE
a) Předehřejte troubu na 400 stupňů F.
b) Ve velké míse nebo míse stojanového mixéru smíchejte mouku, cukr, vinný kámen a sůl. Prosévejte nebo šlehejte ingredience, dokud se dobře nespojí. Přidejte máslo a rozmačkané batáty a mixujte na střední rychlost pomocí ručního nebo stojanového mixéru asi 2 minuty. Mixérem na střední rychlost pomalu začněte přilévat podmáslí. Míchejte, dokud se nezapracuje.
c) Jakmile se těsto vytvoří, vyjměte ho z mísy a pomocí válečku ho trochu vyrovnejte (ujistěte se, že má tloušťku asi 1,5 palce) na lehce pomoučeném povrchu. Těsto nakrájejte na 10 nebo 12 kusů.
d) Lehce naolejujte zapékací mísu o rozměrech 9 x 13 palců a vložte do ní sušenky, přičemž mezi každou sušenkou ponechejte malý prostor. Sušenky dejte na 10 minut do lednice, aby těsto pěkně vychladlo.
e) Vyjměte z lednice a pečte sušenky 12 až 15 minut, nebo dokud nezačnou hnědnout. Po dokončení potřete sušenky máslem, dokud jsou ještě teplé. Podávejte a užívejte si!

32. Podmáslí sušenky

SLOŽENÍ:
- 2 hrnky univerzální mouky
- 2 lžičky prášku do pečiva
- 1/2 lžičky jedlé sody
- 1/2 lžičky soli
- 1/2 šálku studeného nesoleného másla, nakrájeného na kostky
- 3/4 šálku podmáslí
- 2 lžíce rozpuštěného másla (na potření)

INSTRUKCE:
a) Předehřejte troubu na 230 °C. Plech vyložte pečicím papírem.
b) Ve velké míse prošlehejte mouku, prášek do pečiva, jedlou sodu a sůl.
c) Do moučné směsi přidejte studené nakrájené máslo. Prsty nebo vykrajovátkem nakrájejte máslo do mouky, dokud směs nebude připomínat hrubou strouhanku.
d) Uprostřed směsi udělejte důlek a nalijte do něj podmáslí. Míchejte, dokud se nespojí. Dávejte pozor, abyste nepřemíchali.
e) Těsto vyklopte na lehce pomoučněnou plochu. Několikrát těsto prohněteme, aby se spojilo.
f) Těsto rozválejte na tloušťku 1/2 palce. Pomocí kulatého vykrajovátka na sušenky vykrajujte sušenky a položte je na připravený plech.
g) Vršky sušenek potřeme rozpuštěným máslem.
h) Pečte 10-12 minut, nebo dokud nejsou sušenky zlatavě hnědé.
i) Vyjměte z trouby a před podáváním je nechte několik minut vychladnout.

33. Pepperoni a čedarové snídaňové sušenky

SLOŽENÍ:
- 2 šálky směsi sušenek (koupené v obchodě nebo domácí)
- ⅔ šálku mléka
- ½ šálku feferonky nakrájené na kostičky
- ½ šálku strouhaného sýra čedar

INSTRUKCE:
a) Předehřejte troubu podle návodu na mix sušenek.
b) V misce smíchejte směs sušenek, mléko, feferonky nakrájené na kostičky a rozdrobený sýr čedar.
c) Po lžících dávejte těsto na plech.
d) Pečte podle návodu na mix sušenek, dokud nebudou sušenky zlatavě hnědé.

34. Okamžiky tání bezového květu

SLOŽENÍ:
NA SUŠENKY:
- 200 g Měkké máslo
- ¾ šálku moučkového cukru
- ½ lžičky prášku do pečiva
- 1 hrnek kukuřičné mouky
- 1 hrnek hladké mouky

NA POLOVU:
- 2 lžičky měkkého másla
- 1 lžička sirupu z bezového květu (Monin)
- 1 šálek moučkového cukru

INSTRUKCE:
a) Předehřejte si troubu na 180°C.
b) V míse šleháme měkké máslo a moučkový cukr, dokud směs nezbledne.
c) Hladkou mouku, kukuřičnou mouku a prášek do pečiva prosejeme a tyto suché ingredience pak vmícháme do smetanové máslovo-cukrové směsi.
d) Z těsta udělejte malé kuličky a položte je na vymazaný plech. Každou kuličku jemně přitlačte hroty vidličky.
e) Sušenky pečte 15–20 minut nebo dokud lehce nezezlátnou.
f) Zatímco se sušenky pečou, připravte si polevu. Měkké máslo smícháme s bezovým sirupem. Moučkový cukr prosejeme a přidáme do máslovo-sirupové směsi. Přidejte jen tolik vroucí vody, aby vznikla hladká pasta.
g) Jakmile jsou sušenky upečené a vychladlé, natřeme polevou na polovinu z nich.
h) Položte každou ledovou sušenku další sušenkou, abyste vytvořili sendvič.
i) Tento recept poskytuje 12 lahodných okamžiků tání bezového květu. Užívat si!

35.Country šunkové sušenky

SLOŽENÍ:
- 2 hrnky samokypřící mouky
- ½ šálku plus 3 polévkové lžíce másla, rozdělené
- 1 šálek vařené šunky, mleté
- 1½ šálku nastrouhaného ostrého sýra Cheddar
- ¾ šálků plus 2 polévkové lžíce podmáslí

INSTRUKCE:
a) Přidejte mouku do mísy. Nakrájejte ½ šálku másla pomocí vykrajovátka nebo vidličky, dokud směs nebude připomínat hrubou strouhanku. Vmícháme šunku a sýr.
b) Přidejte podmáslí; mícháme vidličkou, dokud nevznikne vlhké těsto.
c) Těsto nasypte po lžičkách na plech vymazaný tukem.
d) Pečte při 450 stupních 10 až 13 minut, dokud lehce nezezlátnou.
e) Rozpusťte zbývající máslo a potřete horké sušenky.

36.Klobásová omáčka a sušenky

SLOŽENÍ:
- ½ šálku univerzální mouky
- 2 libry. mletá vepřová klobása, opečená a okapaná
- 4 šálky mléka
- sůl a pepř na dochucení

SUŠENKY:
- 4 hrnky samokypřící mouky
- 3 polévkové lžíce prášku do pečiva
- 2 polévkové lžíce cukru
- 7 polévkových lžic tuku
- 2 šálky podmáslí

INSTRUKCE:
a) Ve středním hrnci na středním plameni přisypte mouku s klobásou a míchejte, dokud se mouka nerozpustí.
b) Postupně vmícháme mléko a na středním plameni vaříme do zhoustnutí a bublinek. Dochuťte solí a pepřem; podávejte přes teplé sušenky.

SUŠENKY:
c) Prosejeme mouku, prášek do pečiva a cukr; zkracovat se.
d) Vidličkou vmícháme podmáslí, dokud těsto nezvlhne.
e) Z těsta vytvarujte kouli a na pomoučněné ploše několikrát prohněťte.
f) Vyválejte na ¾ palce a nakrájejte pomocí 3palcového řezače na sušenky.
g) Sušenky dejte na vymazaný plech.
h) Pečte na 450 stupňů asi 15 minut nebo dozlatova.

SNÍDAŇOVÉ CHLEBY

37.Banánový chléb kořeněný chai

SLOŽENÍ:
- 1 tyčinka (½ šálku) nesoleného másla, změkčeného
- 1 šálek krystalového cukru
- 2 velká vejce, pokojové teploty
- 1½ šálku univerzální mouky, odměřené a zarovnané nožem
- 1 lžička jedlé sody
- ¾ lžičky mletého kardamomu
- ¾ lžičky skořice
- ¼ lžičky mletého zázvoru
- ¼ lžičky nového koření
- ¾ lžičky soli
- 1 šálek rozmačkaných velmi zralých banánů (odpovídá 2-3 banánům)
- ½ šálku zakysané smetany
- 1 lžička vanilkového extraktu
- ½ šálku nasekaných vlašských ořechů (volitelně)

INSTRUKCE:
a) Předehřejte troubu na 350 °F (175 °C) a štědře vymastěte 9 x 5palcový bochník pomocí nepřilnavého spreje na vaření.
b) Ve velké míse nebo pomocí elektrického mixéru s lopatkovým nástavcem šlehejte změklé máslo s cukrem, dokud nebude směs světlá a nadýchaná. To by mělo trvat přibližně 2 minuty. Přidávejte vejce jedno po druhém a po každém přidání zajistěte důkladné zapracování. Nezapomeňte podle potřeby oškrábat stěny mísy.
c) V samostatné středně velké míse smíchejte mouku, jedlou sodu, kardamom, skořici, zázvor, nové koření a sůl. Tuto suchou směs přidejte k máslové směsi a jemně šlehejte, dokud se nespojí.
d) Poté přidejte rozmačkané banány, zakysanou smetanu a vanilkový extrakt a míchejte při nízké rychlosti, dokud se ingredience plně nespojí. Pokud používáte vlašské ořechy, jemně je vmíchejte do těsta.
e) Připravené těsto nalijeme do vymazané formy. Pečte v předehřáté troubě, dokud chléb nezíská tmavě zlatohnědou barvu a dortový tester zasunutý do středu nevyjde čistý. Obvykle to trvá asi 60-70 minut.

f) Nechte chléb v pánvi asi 10 minut odpočívat, než jej přenesete na chladicí mřížku, aby zcela vychladl. Pro ten nejlepší zážitek si vychutnejte tento banánový chléb, dokud je ještě teplý z trouby, nebo ho opečte jako lahodnou pochoutku.
g) Tento banánový chléb lze zmrazit až 3 měsíce. Po úplném vychladnutí jej bezpečně zabalte do hliníkové fólie, mrazicí fólie nebo vložte do mrazícího sáčku. Až si ho budete chtít znovu vychutnat, jednoduše ho před podáváním rozmrazte přes noc v lednici.

38. Pumpkin Spice Banánový chléb

SLOŽENÍ:
NA CHLÉB:
- 2 přezrálé banány
- ¾ šálku krystalového cukru
- ½ šálku rostlinného oleje
- 2 velká vejce
- ½ lžičky soli
- 1 lžička vanilkového extraktu
- 1 lžička jedlé sody
- 1 ½ lžičky koření na dýňový koláč
- 7 lžic kyselého mléka
- 2 hrnky (248 g) univerzální mouky

NA glazuru:
- 1 ¾ šálku moučkového cukru
- ¼ lžičky soli
- 1 lžička koření na dýňový koláč
- 1 ½ lžičky vanilkového extraktu
- 2-3 lžíce husté smetany ke šlehání

INSTRUKCE:
a) Předehřejte troubu na 350 °F (175 °C). Formu o rozměrech 9 x 5 palců nebo 8 x 4 palců vymažte tukem nebo máslem a obalte ji cukrem. Chcete-li obalit cukrem, pánev nejprve vymažte tukem a poté do pánve přidejte asi 2 lžíce cukru.

b) Naklánějte pánev ze strany na stranu, dokud nebude dno a boky rovnoměrně potažené cukrem. Nenahrazujte sprej na vaření za máslo. Pokud chcete přeskočit krok cukru, můžete použít samotný sprej na vaření.

c) Ve velké misce rozmačkejte banány vidličkou nebo šťouchadlem na brambory. Vařečkou nebo špachtlí vmíchejte rostlinný olej, krystalový cukr a vejce. Směs dejte stranou.

d) K banánové směsi přidejte koření na dýňový koláč, sůl, jedlou sodu a vanilkový extrakt a míchejte, dokud se dobře nespojí.

e) Vmíchejte univerzální mouku a kyselé mléko a míchejte, dokud se nezapracuje. Nalijte těsto do připravené pánve.

f) Pečte v předehřáté troubě 45–60 minut, nebo dokud párátko zapíchnuté do středu nevyjde čisté. Okraje budou mít pěknou tmavě hnědou barvu a uprostřed bude prasklina. Široký rozsah doby vaření je způsoben změnami výkonu trouby. Ujistěte se, že používáte kovovou pánev, nikoli skleněnou.
g) Před vyjmutím a polevou nechte chléb v pánvi zcela vychladnout.

NA POLOVU:

h) Ve střední misce prošlehejte moučkový cukr, koření na dýňový koláč a sůl.
i) Přišlehejte vanilkový extrakt a 1 lžíci husté smetany ke šlehání, podle potřeby přidejte další smetanu, abyste dosáhli požadované konzistence (až 3 lžíce).
j) Banánový chléb zmrazte a nechte ztuhnout. Mražený chléb skladujte ve vzduchotěsné nádobě až 3 dny nebo jej nakrájejte a zmrazte až na 1 měsíc. Užívat si!

39. Cinnamon Swirl Banana Bread

SLOŽENÍ:
NA CHLÉB:
- ½ šálku nesoleného másla, změkčeného (115 gramů)
- ½ šálku krystalového cukru (100 gramů)
- ¼ šálku světle hnědého cukru (50 gramů)
- 2 velká vejce, pokojové teploty
- 1 lžička čistého vanilkového extraktu
- 2 šálky rozmačkaných banánů (440 gramů; asi 4 velké banány)
- 2 šálky víceúčelové mouky, lžící a zarovnané (250 gramů)
- 1 lžička prášku do pečiva
- ½ lžičky jedlé sody
- 1 lžička mleté skořice
- ½ lžičky soli

SKOŘICOVÝ SUGAR SWIRL:
- ¼ šálku krystalového cukru (50 gramů)
- 2 lžičky mleté skořice

INSTRUKCE:
a) Předehřejte troubu na 350 °F (180 °C). Formu na bochník 9 x 5 palců vymažte nepřilnavým sprejem na vaření, vyložte ji pergamenovým papírem a dejte stranou.
b) Ve velké míse pomocí ručního mixéru nebo stojanového mixéru vybaveného lopatkovým nástavcem šlehejte dohromady změklé máslo, krystalový cukr a hnědý cukr, dokud nebude směs světlá a nadýchaná, což by mělo trvat asi 3 až 4 minuty.
c) Přidejte vejce a vanilkový extrakt a po každém přidání důkladně promíchejte. Poté do směsi vmícháme rozmačkané banány.
d) V samostatné míse prošlehejte univerzální mouku, prášek do pečiva, jedlou sodu, sůl a mletou skořici.
e) Smíchejte suché ingredience s mokrými ingrediencemi a dávejte pozor, abyste těsto nepřemíchali.
f) Chcete-li vytvořit spirálu skořicového cukru, smíchejte krystalový cukr a mletou skořici v samostatné misce.
g) Pro jednu vrstvu skořicového cukru nalijte asi polovinu těsta z banánového chleba do ošatky, posypte směsí skořicového cukru a poté nalijte zbývající těsto.

h) Pro dvojitou vrstvu skořicového cukru nalijte asi jednu třetinu těsta do ošatky, navrch posypte polovinou směsi skořicového cukru a vrstvy opakujte a dokončete poslední třetinou těsta.
i) Pečte 55 až 65 minut, nebo dokud párátko zapíchnuté do středu nevyjde čisté. Pokud banánový chléb začne příliš tmavnout, zakryjte ho na posledních 15 až 20 minut pečení alobalem.
j) Po upečení vyjměte banánový chléb z trouby a nechte jej 10 minut vychladnout v ošatku. Poté jej přemístěte na mřížku, abyste dokončili chlazení.

40.Banánový chléb Açaí

SLOŽENÍ:
- Açaí pyré
- ½ šálku veganského másla
- 1 hrnek veganského cukru
- 3 extra velké zralé banány
- 2 náhradní ekvivalenty vajec
- ½ lžičky vanilky
- ½ lžičky citronové šťávy
- 1 ½ šálku nebělené mouky
- 1 ½ lžičky horké vody

INSTRUKCE:
a) Předehřejte troubu na 350 stupňů.
b) Při přípravě vymažte máslem standardní ošatku, rozmačkejte banány do hladka s několika kousky a oddělte bílky a žloutky ve dvou různých miskách.
c) Ve velké míse společně utřeme máslo a cukr. Přidejte banány, žloutky, vanilku, citronovou šťávu a jedlou sodu a důkladně promíchejte a poté vmíchejte mouku, dokud se nespojí.
d) Z bílků ušlehejte tuhý sníh, poté opatrně vmíchejte do těsta, dokud se nespojí. Nakonec vmícháme horkou vodu.
e) Nalijte polovinu těsta do formy na bochník, přidejte balíček Açaí, abyste vytvořili střední vrstvu, a poté nalijte zbývající těsto, abyste naplnili.
f) Pomocí dřevěné špejle nebo jiného podobně tvarovaného zařízení jemně promíchejte těsto krouživými pohyby, aby se Açaí rozvířilo.
g) Pečte asi 45 minut, nebo dokud nebude párátko zapíchnuté do středu čisté.
h) Necháme asi 15 minut vychladnout a podáváme.

41.Rozinkový sladký chléb

SLOŽENÍ:
- ½ šálku másla, změkčeného
- ½ šálku zkrácení
- 2¼ šálku cukru, rozdělené
- 3 vejce, rozšlehaná
- 2 lžičky vanilkového extraktu
- 2 obálky aktivního sušeného droždí
- 1 šálek teplé vody
- 8 šálků univerzální mouky
- ½ lžičky soli
- 2 šálky teplého mléka
- 16-uncový balíček rozinek
- ½ šálku másla, rozpuštěného

INSTRUKCE:

a) Smíchejte máslo a tuk ve velmi velké misce. Postupně přidejte 2 hrnky cukru, vejce a vanilku a po každém přidání dobře prošlehejte.
b) Smíchejte droždí a teplou vodu (110 až 115 stupňů) v šálku; nechte 5 minut stát.
c) Smíchejte mouku a sůl. Velkou vařečkou postupně vmícháme mouku a sůl do máslové směsi střídavě s droždím a teplým mlékem.
d) Dobře promíchejte; vmícháme rozinky. Těsto vyklopte na pomoučněnou plochu.
e) Hněteme, přidáváme další mouku, dokud těsto není hladké a elastické.
f) Vraťte těsto do mísy. Těsto lehce nastříkejte nepřilnavým sprejem na zeleninu; zakryjte voskovým papírem a utěrkou. Nechte kynout 6 až 8 hodin nebo přes noc, dokud nezdvojnásobí svůj objem.
g) Srazit dolů; rozdělte na 6 stejných částí a vložte do 6 vymaštěných formiček 9" x 5". Přikryjte a nechte znovu kynout do zaoblení, 4 až 6 hodin.
h) Bochníky pokapejte rozpuštěným máslem; posypte každý bochník 2 lžičkami zbývajícího cukru.
i) Pečte při 350 stupních po dobu 30 minut, nebo dokud párátko zapíchnuté do středu nevyjde čisté. Ochlaďte na drátěných roštech.

42. Glazovaný trojitý bobulový banánový chléb

SLOŽENÍ:
NA BANÁNOVÝ CHLÉB:
- 6 lžic nesoleného másla, rozpuštěného a mírně vychladlého
- 2 hrnky univerzální mouky
- ¾ šálku cukru
- ¾ lžičky prášku do pečiva
- ½ lžičky soli
- 2 velká vejce
- 1 ½ šálku rozmačkaných zralých banánů (asi 4 střední banány)
- ¼ šálku obyčejného řeckého jogurtu
- 1 lžička vanilkového extraktu
- 2 šálky smíchaných borůvek, malin a ostružin, rozdělených

NA CITRONOVOU PLAVINU:
- Šťáva z půlky citronu (asi 3 polévkové lžíce)
- ½ hrnku moučkového cukru (nebo více, pokud chcete hustší polevu)

INSTRUKCE:
a) Předehřejte troubu na 350 °F (175 °C). Vymažte pečicí formu 9 x 5 palců.
b) Ve velké míse smíchejte mouku, cukr, prášek do pečiva a sůl.
c) V samostatné misce smíchejte vejce, rozmačkané banány, jogurt a rozpuštěné (mírně vychladlé) máslo spolu s vanilkou. Šlehejte do hladka.
d) Uprostřed moučné směsi udělejte důlek a nalijte do něj banánovou směs. Jemně míchejte, dokud se nespojí, dávejte pozor, abyste nepřemíchali.
e) Jemně vmíchejte 1 ½ šálku rozmixovaných bobulí, ½ šálku si vyhraďte na polevu.
f) Těsto nalijte do připravené chlebové formy. Navrch nasypte zbývající bobule a jemně je zatlačte dolů do těsta.
g) Pečte, dokud není bochník dozlatova a párátko zapíchnuté do středu nevyjde čisté, což by mělo trvat asi 1 hodinu až 1 hodinu 15 minut.
h) Nechte bochník vychladnout na pánvi po dobu 5 minut a poté jej opatrně vyklopte na mřížku. Před řezáním nechte zcela vychladnout.

NA CITRONOVOU PLAVINU,
i) Citronovou šťávu a moučkový cukr vyšleháme do hladka.
j) Touto polevou pokapejte vršek chleba těsně před podáváním.

43. Banánový chléb s borůvkami

SLOŽENÍ:
- 2 hrnky univerzální mouky
- 1 lžička jedlé sody
- 4 zralé banány
- 1 velké vejce
- 1 lžička vanilkového extraktu
- ½ šálku cukru
- ½ šálku nesoleného másla (1 tyčinka), rozpuštěného
- 1 lžička skořice (volitelně)
- 1 šálek čerstvých borůvek

INSTRUKCE:
a) Předehřejte troubu na 350 °F (175 °C).
b) Ve střední misce smíchejte univerzální mouku a jedlou sodu. Tuto směs dejte stranou.
c) Ve velké mixovací misce rozmačkejte zralé banány vidličkou. Přidejte velké vejce a vanilkový extrakt a dobře je promíchejte.
d) Do banánové směsi vmícháme cukr a rozpuštěné máslo. Pokud chcete, přidejte v této fázi skořici.
e) Postupně přidávejte moučnou směs k banánové směsi a míchejte, dokud se nespojí.
f) Do těsta jemně vmícháme čerstvé borůvky.
g) Formu na chléb vystříkejte olejem nebo vymastěte a poté nalijte těsto do formy.
h) Pečte při 350 °F (175 °C) po dobu 65–75 minut nebo dokud chléb nezíská zlatohnědou barvu.
i) Dopřejte si tento lahodný banánový chléb s borůvkami, kde kombinace zralých banánů a šťavnatých borůvek vytváří dokonalou harmonii chutí. Užívat si!

44. Tropický banánový chléb

SLOŽENÍ:
CHLÉB:
- 1 ½ šálku nebělené univerzální mouky
- 2 lžičky prášku do pečiva
- 1 špetka soli
- 14 uncí plechovka drceného ananasu
- 3 vejce
- 1 ¼ šálku cukru
- 1 lžička vanilkového extraktu
- ½ šálku nesoleného másla, rozpuštěného a ochlazeného
- 1 šálek velmi zralých banánů, rozmačkaných vidličkou
- 2 lžíce limetkové šťávy
- ½ šálku neslazeného strouhaného kokosu

SIRUP:
- ½ šálku cukru
- ¼ šálku limetkové šťávy
- ½ šálku neslazeného strouhaného kokosu, lehce opečený

INSTRUKCE:
NA CHLÉB:
a) Předehřejte troubu na 350 °F (180 °C). Dvě formy na bochníky o rozměrech 10 x 4 palce (25 x 10 cm) o rozměrech 10 x 4 palce (25 x 10 cm) vymažte máslem a každou vyložte listem pergamenového papíru, aby mohl viset přes obě strany.
b) V míse smíchejte mouku, prášek do pečiva a sůl. Tuto suchou směs dejte stranou.
c) Ananas sceďte pomocí sítka a naběračkou jej prolisujte, abyste vytáhli co nejvíce tekutiny. Scezený ananas dáme stranou a šťávu si ponecháme pro další použití.
d) V jiné míse šlehejte elektrickým šlehačem vejce, cukr a vanilku, dokud směs nezdvojnásobí svůj objem a z šlehače se z ní nesypou stuhy, což by mělo trvat asi 10 minut. Vmícháme rozpuštěné máslo.
e) Přidejte rozmačkané banány a limetkovou šťávu a míchejte, dokud nebude směs hladká. Vmícháme suché ingredience, strouhaný kokos a okapaný ananas.

f) Těsto rovnoměrně rozetřeme do připravených formiček. Pečte přibližně 40 minut, nebo dokud párátko zapíchnuté do středu bochníků nevyjde čisté.
g) Nechte bochníky vychladnout na mřížce.

NA SIRUP:
h) V malém hrnci přiveďte k varu cukr a limetkovou šťávu. Vařte asi 2 minuty nebo dokud se cukr úplně nerozpustí.
i) Vmícháme lehce opražený strouhaný kokos.
j) Teplé koláče přelijte sirupem a nechte 30 minut vsáknout.
k) Užijte si chuť tropů s tímto tropickým banánovým chlebem! Je to kousek ráje v každém soustu.

45. Mango banánový chléb

SLOŽENÍ:
- 1 hrnek cukru
- ½ šálku nesoleného másla při pokojové teplotě
- 2 velká vejce
- 2 zralé banány
- ½ zralého manga, nakrájeného na kostky
- 1 lžíce mléka
- 1 lžička mleté skořice
- 2 hrnky mouky
- 1 lžička prášku do pečiva
- 1 lžička jedlé sody
- 1 lžička soli
- ¾ lžičky vanilkového extraktu

INSTRUKCE:
a) Předehřejte troubu na 325 stupňů Fahrenheita (163 stupňů Celsia). Formu na bochník vymažte tukem nebo vyložte.
b) Ve velké míse šlehejte cukr a máslo pokojové teploty, dokud nebude směs světlá a nadýchaná.
c) Přidávejte vejce jedno po druhém a po každém přidání dobře prošlehejte.
d) V malé misce rozmačkejte vidličkou zralé banány.
e) Vmíchejte mléko, mletou skořici a vanilkový extrakt do rozmačkaných banánů, dokud se dobře nespojí.
f) Mango nakrájené na kostičky jemně vmícháme do banánové směsi. Tuto směs dejte stranou.
g) V jiné míse smíchejte mouku, prášek do pečiva, jedlou sodu a sůl.
h) Banánovo-mangovou směs přidejte ke smetanové směsi cukru a másla a míchejte, dokud se vše nespojí.
i) Nakonec přidejte suché ingredience a míchejte, dokud nevznikne jednotné těsto.
j) Těsto nalijeme do připravené formy a povrch uhladíme.
k) Pečte přibližně 65–75 minut, nebo dokud nebude párátko zapíchnuté do středu čisté.
l) Před vyjmutím z pekáče nechte mango banánový chléb vychladnout na plechu, aby na povrchu nepopraskal.

46. Černý les banánový chléb

SLOŽENÍ:
NA BANÁNOVÝ CHLÉB:
- 3 zralé banány, rozmačkané
- ½ šálku nesoleného másla, rozpuštěného
- 1 šálek krystalového cukru
- 2 velká vejce
- 1 lžička vanilkového extraktu
- 1 ½ šálku univerzální mouky
- ¼ šálku kakaového prášku
- 1 lžička jedlé sody
- ½ lžičky soli
- ½ šálku polosladkých čokoládových lupínků

NA POLOVU ČERNÝ LES:
- 1 šálek čerstvých třešní, vypeckovaných a rozpůlených
- ¼ šálku krystalového cukru
- ¼ šálku vody
- 1 lžíce kukuřičného škrobu
- Šlehačka (pro podávání, volitelné)

INSTRUKCE:
a) Předehřejte troubu na 350 °F (175 °C). Formu na bochník 9 x 5 palců vymažte tukem a moukou.
b) V mixovací nádobě rozmačkejte zralé banány vidličkou do hladka.
c) V samostatné velké míse šlehejte dohromady rozpuštěné máslo a krystalový cukr, dokud se dobře nespojí.
d) Do máslovo-cukrové směsi přidejte vejce a vanilkový extrakt a šlehejte do hladka.
e) V jiné míse prosejeme univerzální mouku, kakaový prášek, jedlou sodu a sůl.
f) Postupně přidávejte suché ingredience k mokrým a míchejte, dokud se nespojí. Nepřemíchávejte.
g) Jemně vmíchejte polosladké čokoládové lupínky.
h) Těsto z banánového chleba nalijte do připravené ošatky.
i) Pečte v předehřáté troubě 60–70 minut, nebo dokud párátko zapíchnuté do středu nevyjde čisté.

j) Zatímco se banánový chléb peče, připravte si Schwarzwaldskou polevu. V hrnci smíchejte vypeckované a rozpůlené třešně, krystalový cukr a vodu. Přiveďte k varu na středním plameni.
k) V malé misce smíchejte kukuřičný škrob se lžící vody, abyste vytvořili kašičku. Tuto kaši přidejte do vroucí třešňové směsi a míchejte, dokud omáčka nezhoustne. Odstraňte z ohně a nechte vychladnout.
l) Jakmile je banánový chléb dopečený, vyjměte jej z trouby a nechte jej asi 10 minut vychladnout na pánvi, než jej přendejte na mřížku, aby zcela vychladl.
m) Jakmile banánový chléb vychladne, nalijte na bochník třešňovou polevu ze Schwarzwaldu.
n) Případně podávejte plátky schwarzwaldského banánového chleba s kopečkem šlehačky.

47. Kokosový chléb Amaretto

INGREDIENCE
- 4 unce tofu
- 1 šálek cukru
- ¼ šálku Amaretto
- 14 tekutých uncí kokosového mléka
- 2½ šálku mouky
- ½ lžičky soli
- 1 lžíce prášku do pečiva
- 1 šálek neslazených kokosových vloček

INSTRUKCE
a) Předehřejte troubu na 350 F. Vymažte chlebovou formu 9" x 5" x 3".
b) Tofu a cukr důkladně rozmixujte v elektrickém mixéru nebo je rozmačkejte ve velké mixovací nádobě pomocí vlastního náčiní. :-)
c) Smíchejte Amaretto a kokosové mléko do tofu, dokud se dobře nespojí.
d) Mezitím si prosejeme mouku, sůl a prášek do pečiva. Vhoďte kokosové vločky, poté do tekuté směsi přidejte suché ingredience a důkladně promíchejte.
e) Lžící nalijte těsto do připravené ošatky. Pečte, dokud nebude hotová, asi 50 minut.
f) Před vyjmutím z pánve mírně vychladněte.

48. Řepný ořechový chléb

SLOŽENÍ:
- ¾ šálku Zkrácení
- 1 šálek cukru
- 4 vejce
- 2 lžičky vanilky
- 2 šálky strouhané řepy
- 3 šálky mouky
- 2 lžičky prášku do pečiva
- 1 lžička jedlé sody
- ½ lžičky skořice
- ¼ lžičky mletého muškátového oříšku
- 1 šálek nasekaných ořechů

INSTRUKCE:
a) Tuk a cukr šlehejte do světlé a nadýchané hmoty. Vmícháme vejce a vanilku. Vmícháme řepu.
b) Přidejte kombinované suché přísady; dobře promíchejte. Vmícháme ořechy.
c) Nalijte do vymazané a moukou vysypané formy na bochník 9x5".
d) Pečeme při 350'F. po dobu 60-70 minut nebo dokud dřevěné párátko vložené do středu nevyjde čisté.
e) Chladit po dobu 10 minut; vyjměte z pánve.

SNÍDAŇOVÉ CHLEBÍČKY

49. Mini sendviče Caprese

SLOŽENÍ:
- 12 mini housky nebo rohlíky
- 12 plátků čerstvého sýra mozzarella
- 2 rajčata, nakrájená na plátky
- Listy čerstvé bazalky
- Balzamiková glazura
- Sůl a pepř na dochucení

INSTRUKCE:
a) Mini housky nebo rohlíky nakrájejte vodorovně na polovinu.
b) Na spodní polovinu každé housky navrstvěte plátek sýra mozzarella, plátek rajčete a pár lístků bazalky.
c) Zalijeme balzamikovou polevou a dochutíme solí a pepřem.
d) Na náplně položíme horní polovinu housky.
e) V případě potřeby zajistěte mini sendviče párátky.
f) Podávejte a vychutnejte si tyto osvěžující sendviče Caprese.

50.Mini sendviče s kuřecím salátem

SLOŽENÍ:
- 12 mini croissantů nebo malých rohlíků
- 2 šálky vařených kuřecích prsou, nakrájených nebo nakrájených na kostičky
- ½ šálku majonézy
- 1 lžíce dijonské hořčice
- ¼ šálku celeru, jemně nakrájeného
- 2 zelené cibule, nakrájené na tenké plátky
- Sůl a pepř na dochucení

INSTRUKCE:
a) V misce smíchejte nakrájená nebo na kostičky nakrájená kuřecí prsa, majonézu, dijonskou hořčici, celer a zelenou cibulku, dokud se dobře nespojí.
b) Dochuťte solí a pepřem podle chuti.
c) Mini croissanty nebo housky překrojte vodorovně na poloviny.
d) Na spodní polovinu každého croissantu nebo rolky naneste velké množství kuřecího salátu.
e) Na náplň položte horní polovinu rohlíku nebo rolky.
f) V případě potřeby zajistěte mini sendviče párátky.
g) Podávejte a vychutnejte si tyto chutné sendviče s kuřecím salátem.

51.Mini krůtí a brusinkové sendviče

SLOŽENÍ:
- 12 mini rohlíků nebo malých rohlíků
- 12 plátků krůtích prsou
- ½ šálku brusinkové omáčky
- Hrst baby špenátu nebo listů rukoly
- ¼ šálku smetanového sýra
- Sůl a pepř na dochucení

INSTRUKCE:
a) Rohlíky nebo housky nakrájejte vodorovně na poloviny.
b) Spodní polovinu každé rolky namažte smetanovým sýrem.
c) Na smetanový sýr navrstvěte nakrájená krůtí prsa, lžíci brusinkové omáčky a pár lístků baby špenátu nebo rukoly.
d) Dochuťte solí a pepřem podle chuti.
e) Na náplně položíme horní polovinu rolády.
f) V případě potřeby zajistěte mini sendviče párátky.

52. Mini posuvníky na šunku a sýr

SLOŽENÍ:

- 12 mini housky nebo rohlíky
- 12 plátků šunky
- 12 plátků sýra (jako je čedar, švýcarský nebo provolone)
- 2 lžíce dijonské hořčice
- 2 lžíce majonézy
- 2 lžíce másla, rozpuštěného
- ½ lžičky česnekového prášku
- ½ lžičky máku (volitelně)

INSTRUKCE:

a) Předehřejte troubu na 350 °F (175 °C).
b) Housky nebo rohlíky nakrájejte vodorovně na polovinu.
c) Spodní polovinu každé housky potřete dijonskou hořčicí a vrchní polovinu majonézou.
d) Na spodní polovinu každé housky navrstvěte nakrájenou šunku a sýr.
e) Horní polovinu housky položte na náplně, abyste vytvořili chlebíčky.
f) Sendviče dejte do zapékací mísy.
g) V malé misce smíchejte rozpuštěné máslo s česnekovým práškem. Směsí potřete vršky sendvičů.
h) Pokud chcete, posypte sendviče mákem.
i) Zapékací mísu přikryjeme alobalem a pečeme 10-15 minut nebo dokud se sýr nerozpustí a housky mírně opečou.
j) Podávejte tyto teplé a sýrové šunkou a sýrem.

53. Mini Veggie Club sendviče

SLOŽENÍ:
- 12 mini pita kapes nebo malých rohlíků
- ½ šálku hummusu
- 12 plátků okurky
- 12 plátků rajčat
- 12 plátků avokáda
- Hrst hlávkového salátu nebo klíčků
- Sůl a pepř na dochucení

INSTRUKCE:
a) Mini pita kapsičky nebo housky rozkrojte vodorovně na polovinu.
b) Na spodní polovinu každé kapsy nebo rohlíku namažte hummus.
c) Na hummus navrstvěte plátky okurky, plátky rajčat, plátky avokáda a salát nebo klíčky.
d) Dochuťte solí a pepřem podle chuti.
e) Na náplně položte horní polovinu kapsy nebo rolku.
f) V případě potřeby zajistěte mini sendviče párátky.
g) Podávejte a vychutnejte si tyto chutné vegetariánské klubové sendviče.

54. Mini sendviče s okurkou a smetanovým sýrem

SLOŽENÍ:
- 12 plátků mini koktejlového chleba nebo prstových sendvičů
- 4 unce (½ šálku) smetanového sýra, změkčeného
- 1 malá okurka, nakrájená na tenké plátky
- Čerstvé snítky kopru
- Sůl a pepř na dochucení

INSTRUKCE:
a) Na každý plátek koktejlového chleba potřete tenkou vrstvu změklého smetanového sýra.
b) Nakrájenou okurku rozložte na polovinu plátků chleba.
c) Dochuťte solí a pepřem podle chuti.
d) Navrch dejte snítky čerstvého kopru.
e) Nahoru položte zbývající plátky chleba a vytvořte mini sendviče.
f) Pokud chcete, ořízněte kůry a nakrájejte na malé čtverce nebo obdélníky.

55.Mini sendviče s uzeným lososem a koprem

SLOŽENÍ:
- 12 plátků mini koktejlového chleba nebo prstových sendvičů
- 4 unce uzeného lososa
- 4 unce smetanového sýra, změkčeného
- Čerstvý kopr, na ozdobu
- Klínky citronu, k podávání

INSTRUKCE:
a) Na každý plátek koktejlového chleba namažte změkčený smetanový sýr.
b) Na polovinu plátků chleba položte plátek uzeného lososa.
c) Ozdobte čerstvým koprem.
d) Pokud chcete, vymačkejte na lososa trochu citronové šťávy.
e) Položte zbývající plátky chleba a vytvořte mini sendviče.
f) Okraje ořízněte a nakrájejte na malé trojúhelníky nebo čtverce.

56.Mini sendviče s vaječným salátem

SLOŽENÍ:
- 12 plátků mini koktejlového chleba nebo prstových sendvičů
- 4 natvrdo uvařená vejce, nakrájená
- 2 lžíce majonézy
- 1 lžička dijonské hořčice
- Sůl a pepř na dochucení
- Čerstvá pažitka, nasekaná (na ozdobu)

INSTRUKCE:
a) V míse smíchejte nakrájená vejce natvrdo, majonézu, dijonskou hořčici, sůl a pepř. Dobře promíchejte.
b) Směs vaječného salátu rozetřeme na polovinu plátků chleba.
c) Posypeme nasekanou čerstvou pažitkou.
d) Položte zbývající plátky chleba a vytvořte mini sendviče.
e) Ořízněte okraje a nakrájejte na malé čtverečky nebo obdélníky.

57. Mini sendviče s pečeným hovězím a křenem

SLOŽENÍ:
- 12 mini-posuvných bochánků nebo malých rohlíků
- 6 uncí na tenké plátky nakrájeného hovězího masa
- 2 lžíce připravené křenové omáčky
- Listy rukoly

INSTRUKCE:
a) Naneste tenkou vrstvu křenové omáčky na jednu stranu každého posuvného bochánku.
b) Na spodní polovinu bochánků položte několik plátků hovězí pečeně.
c) Navrch dejte lístky rukoly a poté horní polovinu bochánků, abyste vytvořili mini sendviče.

58.Mini sendviče s řeřichou a ředkvičkou

SLOŽENÍ:
- 12 mini krajíců celozrnného chleba nebo malých rohlíků
- Listy řeřichy
- Na tenké plátky nakrájené ředkvičky
- Tavený sýr
- Citrónová kůra

INSTRUKCE:
a) Polovinu plátků chleba potřeme vrstvou smetanového sýra.
b) Navrstvěte listy řeřichy a na tenké plátky nakrájené ředkvičky.
c) Posypeme citronovou kůrou.
d) Položte zbývající plátky chleba a vytvořte mini sendviče.

SCONES

59.Mimózové koláčky

SLOŽENÍ:

- 2 hrnky univerzální mouky
- ¼ šálku krystalového cukru
- 1 lžička prášku do pečiva
- ½ lžičky soli
- ½ šálku studeného nesoleného másla, nakrájeného na malé kostičky
- ¼ šálku husté smetany
- ¼ šálku pomerančové šťávy
- ¼ šálku šampaňského nebo sektu
- 1 lžička pomerančové kůry
- ½ šálku sušených brusinek nebo zlatých rozinek (volitelné)
- 1 velké vejce, rozšlehané (na mytí vajec)
- Hrubý cukr na posypání

INSTRUKCE:

a) Předehřejte troubu na 400 °F (200 °C). Plech vyložte pečícím papírem.
b) Ve velké míse smíchejte mouku, cukr, prášek do pečiva a sůl.
c) K suchým ingrediencím přidejte kostky studeného másla a nakrájejte je pomocí vykrajovátka nebo dvou nožů, dokud směs nebude připomínat hrubou strouhanku.
d) V samostatné misce smíchejte smetanu, pomerančový džus, šampaňské a pomerančovou kůru.
e) Nalijte mokré ingredience do suché směsi a míchejte, dokud se nespojí. Pokud používáte, přidejte sušené brusinky nebo zlaté rozinky.
f) Těsto přeneste na pomoučený povrch a vytvarujte z něj kruh o tloušťce asi 1 palec. Kruh nakrájejte na 8 klínků.
g) Koláčky položíme na připravený plech, potřeme vršky rozšlehaným vejcem a posypeme hrubým cukrem.
h) Pečte v předehřáté troubě 15–18 minut, nebo dokud koláčky nebudou zlatavě hnědé.
i) Před podáváním nechte koláčky mírně vychladnout.

60.Narozeninové koláčky

SLOŽENÍ:
PRO SCONES:
- 2 hrnky univerzální mouky
- ¼ šálku krystalového cukru
- 2 lžičky prášku do pečiva
- ½ lžičky soli
- ½ šálku nesoleného másla, studeného a nakrájeného na kostky
- ½ šálku podmáslí
- 1 lžička vanilkového extraktu
- ¼ šálku barevných postřikovačů

NA glazuru:
- 1 hrnek moučkového cukru
- 2 lžíce mléka
- ½ lžičky vanilkového extraktu
- Další posypy na ozdobu (volitelné)

INSTRUKCE:
a) Předehřejte troubu na 200 °C (400 °F) a plech vyložte pečicím papírem.
b) Ve velké míse prošlehejte mouku, krupicový cukr, prášek do pečiva a sůl.
c) K suchým ingrediencím přidáme studené nakrájené máslo. Vykrajovátkem na pečivo nebo prsty nakrájejte máslo do moučné směsi, dokud nebude připomínat hrubou strouhanku.
d) V samostatné misce prošlehejte podmáslí a vanilkový extrakt.
e) Postupně nalévejte směs podmáslí do suchých přísad a míchejte, dokud se nespojí.
f) Jemně vmíchejte barevné posypy, dávejte pozor, abyste nepřemíchali a neztratili zářivé barvy.
g) Těsto přeneste na lehce pomoučenou plochu. Vytvarujte jej do kruhu nebo obdélníku o tloušťce asi 1 palec.
h) Ostrým nožem nebo vykrajovátkem nakrájejte těsto na klínky nebo čtverce, podle toho, jaký tvar a velikost preferujete.
i) Koláčky položte na připravený plech, mezi jednotlivými koláčky ponechejte mezeru.

j) Koláčky pečte v předehřáté troubě asi 15–20 minut, nebo dokud nebudou zlatavě hnědé a propečené.
k) Zatímco se koláčky pečou, připravte si polevu. V míse prošlehejte moučkový cukr, mléko a vanilkový extrakt do hladké a krémové hmoty.
l) Jakmile jsou koláčky upečené, vyjměte je z trouby a nechte je několik minut vychladnout na mřížce.
m) Teplé koláčky pokapejte polevou, aby po stranách okapala.
n) Volitelné: Posypte další barevnými posypy na vrch glazury pro extra slavnostní nádech.
o) Před podáváním koláčků na narozeninový dort nechte polevu několik minut ztuhnout.

61. Cappuccino koláčky

SLOŽENÍ:
- 2 hrnky univerzální mouky
- ¼ šálku krystalového cukru
- 2 polévkové lžíce instantních kávových granulí
- 1 lžička prášku do pečiva
- ½ lžičky soli
- ½ šálku studeného nesoleného másla, nakrájeného na kostky
- ½ šálku husté smetany
- ¼ šálku silné uvařené kávy, vychlazené
- 1 lžička vanilkového extraktu
- ½ šálku polosladkých čokoládových lupínků (volitelně)
- 1 vejce (na mytí vajec)
- Hrubý cukr (na posypání, volitelné)

INSTRUKCE:
a) Předehřejte troubu na 400 °F (200 °C) a vyložte plech pečicím papírem.
b) Ve velké míse prošlehejte mouku, krupicový cukr, granule instantní kávy, prášek do pečiva a sůl.
c) K suchým ingrediencím přidáme studené nakrájené máslo. Vykrajovátkem na pečivo nebo prsty zapracujte máslo do suché směsi, dokud nebude připomínat hrubou strouhanku.
d) V samostatné misce smíchejte hustou smetanu, uvařenou kávu a vanilkový extrakt.
e) Nalijte mokré ingredience do suché směsi a míchejte, dokud se nespojí. Pokud chcete, vmíchejte polosladké čokoládové lupínky.
f) Těsto vyklopte na pomoučněnou plochu a několikrát ho jemně prohněťte, dokud se nespojí.
g) Těsto rozválíme na kruh silný asi 1 palec. Kruh nakrájejte na 8 klínků.
h) Koláčky položte na připravený plech. Rozklepněte vejce a potřete jím vršek koláčků. Pokud používáte, posypte hrubým cukrem.
i) Pečte v předehřáté troubě 15–18 minut, nebo dokud nebudou koláčky zlatavě hnědé a párátko zapíchnuté do středu nevyjde čisté.
j) Před podáváním nechte cappuccino scones vychladnout na mřížce.

62. Zázvorové a rybízové koláčky

SLOŽENÍ:
- 1 vejce, rozšlehané
- 3 polévkové lžíce hnědého cukru, balené
- 1 lžička rumu nebo extraktu s příchutí rumu
- 1 lžička prášku do pečiva
- 2 polévkové lžíce mléka
- 1 hrnek univerzální mouky
- ¼ šálku másla, změkčeného
- ¾ šálků rybízu
- 2 polévkové lžíce kandovaného zázvoru, nakrájeného

INSTRUKCE:
a) Ve velké míse smíchejte všechny ingredience, dokud se dobře nespojí. Těsto rozdělte na 8 až 10 kuliček; zploštit.
b) Koláčky naaranžujte na nevymaštěné plechy.
c) Pečte při 350 stupních 15 minut nebo dozlatova.

63.Skořicové vlašské koláčky

SLOŽENÍ:
POLEVA:
- 2 polévkové lžíce granulované Splenda
- ½ lžičky skořice

SCONES:
- 2 šálky směsi na pečení
- 1 lžička prášku do pečiva
- 1 lžička skořice
- ¼ šálku studeného nesoleného másla, nakrájeného na malé kousky
- 2 unce studeného smetanového sýra, nakrájeného na malé kousky
- ½ šálku vlašských ořechů, nasekaných (asi 2 unce)
- ⅓ šálku Carb Countdown mléka nebo husté smetany
- 1 vejce, rozšlehané
- ¾ šálku granulované Splenda
- 1 lžička vanilkového extraktu
- 1 lžíce husté smetany

INSTRUKCE:
a) Plech vyložte pečicím papírem nebo nepřilnavou pečící vložkou. V malé misce smícháme zálivku
b) SLOŽENÍ: granulovaná Splenda a skořice. Tuto směs dejte stranou.
c) Ve střední misce zašlehejte prášek do pečiva a skořici do směsi na pečení.
d) Nakrájejte studené máslo a smetanový sýr, dokud směs nebude připomínat hrášek.
e) Do směsi přidejte nasekané vlašské ořechy.
f) V samostatné misce smíchejte mléko (nebo hustou smetanu), rozšlehané vejce, sladidlo (granulovaná Splenda nebo tekutá Splenda, podle vašeho výběru) a vanilkový extrakt.
g) Mokrou směs přidáme k suché a mícháme, dokud se těsto nespojí. Těsto bude lepivé.
h) Těsto vyklopte na povrch lehce posypaný směsí na pečení. Vršek těsta poprašte směsí na pečení a jemně ji poklepejte na tloušťku 1 palce.

i) Těsto nakrájejte 2palcovým vykrajovátkem na sušenky a koláčky opatrně položte na plech. Jemně vyklepejte kousky těsta a nakrájejte je, abyste vytvořili zbývající koláčky.
j) Vršek koláčků potřete 1 lžící husté smetany.
k) Polevovou směsí rovnoměrně potřeme všechny koláčky.
l) Pečte v předehřáté troubě na 400 °F po dobu 12-15 minut, nebo dokud koláčky nebudou zlatavě hnědé.
m) Podávejte koláčky teplé a zvažte je spárování s máslem, sraženou smetanou nebo sýrem mascarpone. Mock Clotted Cream je také skvělou polevou pro tyto koláčky. Užívat si!

64. Limoncello koláčky

SLOŽENÍ:
- 2 hrnky univerzální mouky
- ¼ šálku cukru
- 2 lžičky prášku do pečiva
- ½ lžičky soli
- ½ šálku studeného nesoleného másla, nakrájeného na malé kostičky
- ½ šálku husté smetany
- ¼ šálku likéru Limoncello
- Kůra z 1 citronu
- ½ hrnku moučkového cukru (na polevu)
- 1 lžíce Limoncello (na polevu)

INSTRUKCE:
a) Předehřejte troubu na 400 °F (200 °C) a vyložte plech pečicím papírem.
b) Ve velké míse smíchejte mouku, cukr, prášek do pečiva a sůl.
c) Do moučné směsi přidejte kostky studeného másla a vykrajovátkem nebo prsty nakrájejte, dokud směs nebude připomínat hrubou strouhanku.
d) V samostatné misce smíchejte hustou smetanu, Limoncello a citronovou kůru.
e) Smetanovou směs vlijte do moučné směsi a míchejte, dokud se těsto nespojí.
f) Těsto přendáme na lehce pomoučenou plochu a několikrát prohněteme.
g) Těsto rozválíme na kruh o tloušťce asi 1 palec a poté ho nakrájíme na 8 klínků.
h) Koláčky položte na připravený plech a pečte 15–18 minut nebo dozlatova.
i) V malé misce prošlehejte moučkový cukr a Limoncello, abyste vytvořili polevu.
j) Teplé koláčky pokapejte polevou a před podáváním je nechte mírně vychladnout.

65. Skořicové kávové koláčky

SLOŽENÍ:
- 2 hrnky samokypřící mouky
- 2 lžičky skořice
- 6 lžic cukru
- ¾ šálku nesoleného másla
- 2 vejce
- ¼ šálku silné uvařené kávy Folgers
- ¼ šálku mléka
- ½ šálku zlatých rozinek
- ½ šálku nakrájených pekanových ořechů
- Extra mléko a cukr na polevy

INSTRUKCE:
a) Smíchejte mouku, skořici a cukr. Máslo nakrájíme na kousky lžíce a vmícháme do suché směsi.
b) Smíchejte vejce, kávu a mléko. Vmícháme do suché směsi, aby vzniklo vláčné těsto. Vmícháme ovoce a ořechy. Vyklopte na pomoučněnou desku a zlehka vytvarujte z těsta kruh o tloušťce asi ½ palce. Pomoučněným vykrajovátkem na sušenky vykrájejte kolečka a pokládejte je na vymazaný plech.
c) Jemně potřete vršky mlékem a pečte v předehřáté 400 F. troubě 12-15 minut nebo dozlatova. Podávejte horké.

66. Kokosové a ananasové koláčky

SLOŽENÍ:
SCONES:
- 2 šálky směsi na pečení
- 1 lžička prášku do pečiva
- ¼ šálku nesoleného másla, pevného, nakrájeného na malé kousky
- 2 unce smetanového sýra
- ½ šálku kokosu andělského typu
- ½ šálku makadamových ořechů, nasekaných
- Náhrada cukru za stejnou ⅓ šálku cukru
- ⅓ šálku carb Countdown Dairy Beverage
- 1 velké vejce, rozšlehané
- 1 lžička ananasového extraktu
- 1 lžíce husté smetany na potření

TYP ANDĚL KOKOS:
- ½ šálku neslazeného strouhaného kokosu
- 1 ½ polévkové lžíce. vařící voda
- Náhrada cukru se rovná 2 lžičkám. cukru

INSTRUKCE:
TYP ANDĚL KOKOS:
a) Vložte kokos do malé misky. Zalijte vroucí vodou se sladidlem a míchejte, dokud kokos dobře nezvlhne.
b) Na misku položte fólii plastového obalu a nechte 15 minut stát.

SCONES:
c) Předehřejte troubu na 400 stupňů. Plech vyložte pečícím papírem.
d) Ve středně velké misce zašlehejte lžičku prášku do pečiva do směsi na pečení.
e) Do Baking Mix nakrájejte máslo a smetanový sýr, dokud směs nebude připomínat hrubou strouhanku. Vmícháme kokos a makadamové ořechy.
f) V samostatné misce smíchejte mléko, vejce, náhražku cukru a ananasový extrakt.
g) Mokrou směs přidáme k suché a mícháme, dokud nevznikne vláčné těsto (bude lepivé).
h) Těsto vyklopte na povrch lehce posypaný směsí na pečení.
i) Jemně těsto srolujte, aby se potáhlo. 10x lehce prohněteme.

j) Na plechu vyloženém pečicím papírem těsto rozetřete do 7" kruhu. Pokud je těsto příliš lepivé, zakryjte jej kouskem plastové fólie a poté vytvořte kruh. Vrch potřete krémem. Nakrájejte na 8 klínků, ale ne samostatný.
k) Pečte 15 až 20 minut nebo dozlatova. Vyjměte z trouby. Počkejte 5 minut, poté opatrně nakrájejte a oddělte klínky podél rýh. Podávejte teplé.

67. Dýňové brusinkové koláčky

SLOŽENÍ:
- 2 šálky směsi na pečení
- 1 lžíce másla
- 2 balíčky Splenda
- ¾ šálku konzervované dýně, studené
- 1 vejce, rozšlehané
- 1 lžíce husté smetany
- ½ šálku čerstvých brusinek, rozpůlených

INSTRUKCE:
a) Předehřejte troubu na 425 °F (220 °C).
b) Do směsi na pečení nakrájejte máslo.
c) Přidejte Splenda (upravte podle chuti), konzervovanou dýni, rozšlehané vejce a hustou smetanu do směsi na pečení. Ingredience dobře zapracujte, ale nepřemíchejte.
d) Jemně vmícháme rozpůlené brusinky.
e) Z těsta vytvarujte 10 kuliček a dejte je na máslem vymazaný plech. Jemně zatlačte na každou kuličku a vyhlaďte vnější okraje.
f) V případě potřeby potřete vršky koláčků další hustou smetanou.
g) Pečte na střední příčce předehřáté trouby 10–15 minut nebo dokud koláčky nebudou zlatavě hnědé.
h) Teplé koláčky podávejte s máslem a/nebo šlehačkou.

68. Růžové limonádové koláčky

SLOŽENÍ:
- 1 šálek husté smetany
- 1 šálek limonády
- 6 kapek růžového potravinářského barviva
- 3 hrnky samokypřící mouky
- 1 špetka soli
- džem, podávat
- smetanu, podávat

INSTRUKCE:
a) Předehřejte troubu na 450 °F
b) Vložte všechny ingredience do mísy. Lehce promíchejte, dokud se nespojí.
c) Naškrábejte na pomoučený povrch.
d) Lehce prohněteme a vytvarujeme těsto na tloušťku asi 1 cm.
e) Poté pomocí kulatého vykrajovátka vykrájejte koláčky.
f) Položte na vymazaný plech a potřete vršky trochou mléka.
g) Pečte 10-15 minut nebo dokud povrch nezhnědne.
h) Podáváme s marmeládou a smetanou.

69.Máslové koláčky

SLOŽENÍ:
- 1 šálek podmáslí
- 1 vejce
- 3 polévkové lžíce cukru
- 3½ šálků nebělené bílé mouky, rozdělené
- 2 lžičky prášku do pečiva
- 1 lžička jedlé sody
- ½ lžičky soli
- ½ šálku másla, rozpuštěného
- ½ šálku rozinek

INSTRUKCE:
a) Podmáslí, vejce a cukr šlehejte elektrickým šlehačem při střední rychlosti. Prosijte 3 hrnky mouky s práškem do pečiva, jedlou sodou a solí.
b) Přidejte ⅔ moučné směsi do směsi podmáslí a dobře promíchejte.
c) Postupně přidávejte rozpuštěné máslo, dobře promíchejte; přidejte zbývající moučnou směs.
d) Přidejte rozinky a podle potřeby ještě trochu mouky. Na pomoučené ploše 2x až 3x prohněteme těsto.
e) Těsto nakrájejte na 3 díly. Z každého vytvarujte kruh o tloušťce 1,5 palce a nakrájejte na 4 stejné čtvrtiny. Klademe na vymazaný plech. Pečte při 400 stupních 15 minut, nebo dokud nejsou vršky zlatavé.

70. Mučenkové koláčky

SLOŽENÍ:
- 2 hrnky univerzální mouky
- ⅓ šálku cukru
- 1 lžička prášku do pečiva
- ½ lžičky soli
- ½ šálku nesoleného másla, chlazeného a nakrájeného na kostky
- ⅔ šálku dužiny z mučenky
- ½ šálku husté smetany

INSTRUKCE:
a) Předehřejte troubu na 400 °F.
b) V míse smíchejte mouku, cukr, prášek do pečiva a sůl.
c) Přidejte vychlazené máslo a pomocí mixéru na pečivo nebo rukama nakrájejte máslo na suché ingredience, dokud nebude směs drobivá.
d) Přidejte dužinu z mučenky a hustou smetanu a míchejte, dokud se těsto nespojí.
e) Těsto vyklopte na pomoučněnou plochu a vytvarujte do kruhu.
f) Těsto nakrájíme na 8 plátků
g) Koláčky položte na plech vyložený pečicím papírem.
h) Pečte 18-20 minut nebo dozlatova.
i) Podávejte teplé s máslem a další dužinou z marakuji.

71.Mátové koláčky

SLOŽENÍ:
- 2 hrnky univerzální mouky
- ¼ šálku cukru
- 1 lžička prášku do pečiva
- ¼ lžičky soli
- ½ šálku nesoleného másla, studeného a nakrájeného na malé kousky
- ½ šálku nasekaných lístků čerstvé máty
- ⅔ šálku husté smetany
- 1 velké vejce
- 1 lžička vanilkového extraktu

INSTRUKCE:
a) Předehřejte troubu na 400 °F a vyložte plech pečicím papírem.
b) Ve velké míse smíchejte mouku, cukr, prášek do pečiva a sůl.
c) Nakrájejte máslo pomocí mixéru na pečivo nebo prsty, dokud směs nebude připomínat hrubou strouhanku.
d) Vmícháme nasekané lístky máty.
e) V samostatné misce prošlehejte smetanu, vejce a vanilkový extrakt.
f) Mokré ingredience přidáme k suchým a mícháme, dokud se směs nespojí a vytvoří těsto.
g) Těsto vyklopte na lehce pomoučněnou plochu a krátce prohněťte.
h) Těsto rozválíme na kruh silný asi 1 palec.
i) Kruh nakrájejte na 8 klínků.
j) Klínky položíme na připravený plech.
k) Pečte 18–20 minut, nebo dokud nebudou koláčky lehce zlatavě hnědé a propečené.
l) Před podáváním nechte koláčky několik minut vychladnout.
m) Užívat si!

72. Višňové koláčky Amaretto

SLOŽENÍ:
- 2 hrnky univerzální mouky
- ½ šálku cukru
- 2 lžičky prášku do pečiva
- ½ lžičky soli
- ½ šálku nesoleného másla, chlazeného a nakrájeného na kostky
- ½ šálku sušených třešní, nakrájených
- ¼ šálku nakrájených mandlí
- ¼ šálku amaretta
- ½ šálku husté smetany
- 1 vejce, rozšlehané

INSTRUKCE:
a) Předehřejte troubu na 375 °F.
b) Ve velké míse smíchejte mouku, cukr, prášek do pečiva a sůl.
c) Pomocí vykrajovátka nebo prstů nakrájejte máslo do suchých surovin, dokud směs nebude připomínat hrubou strouhanku.
d) Vmícháme sušené třešně a nakrájené mandle.
e) V samostatné misce prošlehejte amaretto, hustou smetanu a vejce.
f) Nalijte mokré ingredience na suché ingredience a míchejte, dokud se směs nespojí.
g) Těsto vyklopte na pomoučněnou plochu a jemně hněťte, dokud se nevytvoří soudržná koule.
h) Těsto rozválíme na kruh silný asi 1 palec.
i) Kruh nakrájejte na 8 klínků.
j) Klínky klademe na plech vyložený pečicím papírem.
k) Vršek koláčků potřete trochou krému navíc.
l) Pečte 20–25 minut, dokud nezezlátnou a nepropečou.
m) Podávejte teplé s kapkou amaretto polevy (vyrobené z moučkového cukru a amaretta).

73. Toblerone koláčky

SLOŽENÍ:
- 3 hrnky + 2 PL mouky
- ⅓ šálku cukru + další na posypání
- 1PL prášku do pečiva
- ½ vrchovaté lžičky jedlé sody
- ½ lžičky soli
- 13 PL másla, studeného
- 1 šálek podmáslí
- 3½ unce cukrové tyčinky Toblerone, nasekané
- ½ šálku nakrájených mandlí
- 2 PL másla, rozpuštěného

INSTRUKCE:
a) Ve velké míse smíchejte mouku, cukr, prášek do pečiva, jedlou sodu a sůl.
b) V samostatné misce nastrouhejte máslo pomocí velkých otvorů na struhadle na sýr.
c) Nastrouhané máslo vsypte do suchých ingrediencí a míchejte, dokud nebude směs připomínat hrubou strouhanku.
d) Přidejte podmáslí a míchejte, dokud se JEN nespojí.
e) Opatrně vmíchejte nakrájený Toblerone a mandle.
f) Těsto rozdělte na dvě. Vezměte každou polovinu a vytvarujte ji do malého kruhu, asi 7 palců.
g) Každý kruh nakrájejte na 6 klínů pomocí řezačky na pizzu nebo ostrého nože.
h) Každý klínek potřeme trochou rozpuštěného másla a posypeme cukrem.
i) Vložte do trouby vyhřáté na 425 °C asi na 13 minut.

74. Yuzu koláčky

SLOŽENÍ:
SCONES
- 1⅓ šálku univerzální mouky
- ¼ šálku organického třtinového cukru
- ¼ lžičky soli
- ½ lžičky prášku do pečiva
- ¼ šálku studeného másla
- 1 velké vejce
- 1 lžička šťávy yuzu
- ¼ až ½ šálku francouzské vanilky půl na půl

GLAZURA
- ½ šálku moučkového cukru
- 2½ lžíce šťávy yuzu
- ½ lžíce francouzské vanilky půl na půl

INSTRUKCE:
a) Smíchejte mouku, cukr, sůl a prášek do pečiva.
b) Studené máslo přidáme k vyšlehaným ingrediencím pomocí vykrajovátka.
c) V jiné misce lehce rozšleháme vejce. Přišlehejte šťávu z yuzu a půl na půl.
d) Tekutinu pomalu přidávejte k suchým ingrediencím. Nalijte a míchejte tekutinu, dokud nebudou všechny drobivé kousky navlhčené. Cílem je mít jednu soudržnou kouli těsta.
e) Na plech na sušenky položte pergamenový papír. Těsto a papír poprášíme moukou. Těsto přendejte na připravený plech. Těsto rozdělte na šest kopečků.
f) Natřete každý kopec trochou půl na půl a/nebo yuzu. Posypeme třtinovým cukrem.
g) Umístěte pánev na 30 minut do mrazáku. Koláčky pečte při 425 stupních 22 až 23 minut. Před pokapáním yuzu glazurou ochlaďte 5 až 10 minut.
h) Na výrobu polevy: Juzu a půl na půl ušlehejte s moučkovým cukrem.

75.Pistáciové koláčky

SLOŽENÍ:
- 1 ½ šálku mouky
- ¼ hrnku cukru
- ¼ lžičky soli
- 1 ½ lžičky prášku do pečiva
- 1 lžička citronové kůry
- 4 lžíce másla
- ⅓ šálku nakrájených, vyloupaných pistácií
- 1 vejce, lehce rozšlehané
- 2 lžíce mléka

POKYNY :
a) Předehřejte troubu na 425 F.
b) Ve velké míse smíchejte mouku, cukr, sůl, prášek do pečiva a citronovou kůru. Nakrájejte na másle, dokud směs nebude připomínat hrubou strouhanku. Vmícháme pistácie.
c) Přidejte vejce a mléko, míchejte, dokud nezvlhnou.
d) Vyválejte na zhruba ½" tlustý obdélník. Nakrájíme na trojúhelníky.
e) Umístěte na nevymazaný plech na sušenky. Pečte 12-15 minut dozlatova.
f) Vyjměte koláčky z trouby a před konzumací je nechte 1–2 minuty vychladnout na mřížce.

76. Ovesné skořicové koláčky

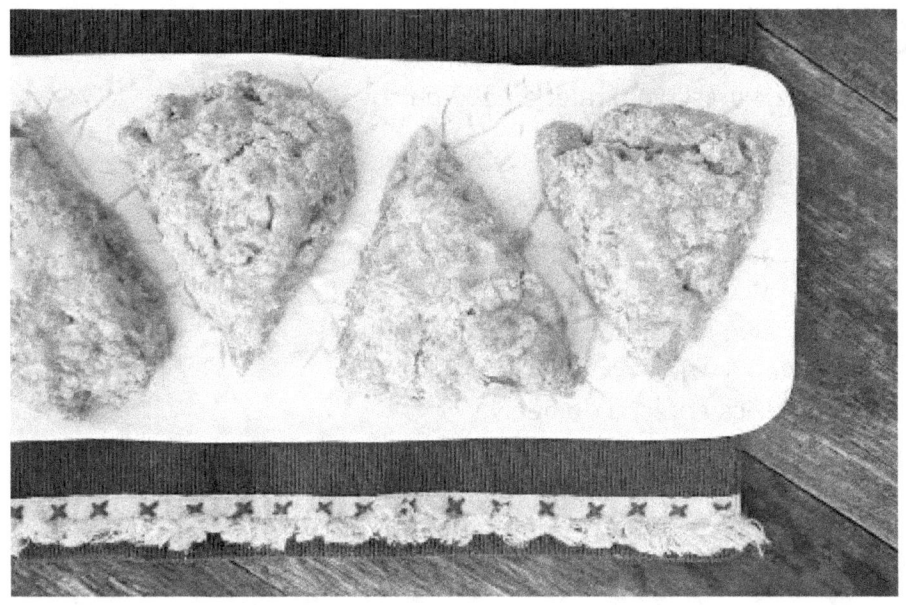

SLOŽENÍ:
- ¼ šálku ovesných vloček
- 1 lžička soli
- 1¾ šálku mouky
- 6 lžic másla, nakrájené na ½-palcové kostky
- ¼ šálku cukru
- 1 lžička skořice
- ½ šálku podmáslí NEBO:
- ½ šálku smetany NEBO:
- ½ šálku mléka
- ¼ šálku hnědého cukru, zabalené
- 1 velké vejce, rozšlehané
- 1½ lžičky prášku do pečiva
- 2 lžičky vanilkového extraktu
- 1 lžička jedlé sody
- ⅛ lžičky strouhané pomerančové kůry

INSTRUKCE:
a) Umístěte rošt do středu trouby a předehřejte na 375 stupňů.
b) Do velké mísy prosejeme mouku, cukry, prášek do pečiva, jedlou sodu a sůl. Přidejte ovesné vločky a promíchejte. Kostky másla rozložte na moučnou směs. Konečky prstů rychle vmasírujte máslo do moučné směsi, dokud směs nebude připomínat hrubou mouku.
c) Ve střední misce smíchejte podmáslí, vejce, vanilku a kůru.
d) Přidejte tekutou směs do směsi mouky. Velkou gumovou stěrkou za použití co nejmenšího počtu tahů jemně míchejte, dokud těsto nezvlhne a nezačne se lepit. S těstem manipulujte co nejméně a míchejte, dokud se všechny ingredience zcela nespojí.
e) Pomocí ⅓-c. odměrku, těsto dejte na nevymaštěný plech, mezi koláčky ponechejte alespoň 1 palec.
f) Pečte 16 až 18 minut, dokud nebudou koláčky zlatavě hnědé. Koláčky chlaďte na plechu nastaveném na mřížku po dobu 5 minut. Pomocí mentální špachtle přeneste koláčky na mřížku a zcela je vychladněte.
g) Podávejte teplé nebo skladujte zcela vychladlé koláčky ve vzduchotěsné nádobě při pokojové teplotě.

77.Margarita Sconesová

SLOŽENÍ:
- 2 hrnky mouky
- ½ šálku cukru
- 3 lžičky prášku do pečiva
- 1 lžička hrubé soli
- ½ šálku ledového másla, nakrájeného na malé kousky
- 4 kapky limetkového oleje
- 2 kapky citronového oleje
- ¼ šálku směsi margarity
- ¼ šálku husté smetany
- 2 vejce

INSTRUKCE:
a) Ve střední míse smíchejte mouku, cukr, prášek do pečiva a sůl.
b) Ve studeném másle nakrájejte vykrajovátkem na pečivo, dokud nebude připomínat hrubou strouhanku.
c) Smíchejte směs Margarita a smetanu s limetkovým a pomerančovým olejem spolu s vejci.
d) Smíchejte mokré ingredience se suchými, dokud se to nespojí.
e) Těsto rozválejte na lehce pomoučené ploše.
f) Těsto nakrájíme do požadovaného tvaru
g) Koláčky položte na plech vyložený pečicím papírem
h) Pečeme na 400 stupňů 10 minut.

78. Koláčky z kokosové mouky s cukrovou polevou

SLOŽENÍ:
TĚSTO:
- ¾ šálku kokosové mouky
- 6 lžic tapiokového škrobu
- ½ šálku cukru, kokosového cukru, javorového cukru nebo erythritolu
- 4 lžičky prášku do pečiva
- ½ lžičky mořské soli
- ½ šálku másla, studeného
- 3 velká vejce
- ½ šálku kokosového mléka nebo husté smetany
- 1 lžička vanilkového extraktu
- 1 šálek čerstvých borůvek
- 1 lžíce másla nebo kokosového oleje na glazování těsta
- 2 lžíce cukru nebo erythritolu na posypání

MRAZ:
- ½ šálku moučkového cukru
- 1 polévková lžíce čerstvé citronové šťávy nebo koupené v obchodě

INSTRUKCE:
a) Ve velké míse smíchejte suché ingredience, kokosovou mouku, tapiokový škrob, cukr, prášek do pečiva a sůl.
b) Vezměte studené máslo a nakrájejte ho na malé kostičky. K suchým ingrediencím přidejte máslo a vidličkou nebo mixérem rozdrobte máslo se suchými ingrediencemi. Dělejte to, dokud mouka a máslo nebudou vypadat jako malé drobky. Bude to trvat minimálně 5 minut.
c) Poté dejte tuto misku s rozdrobeným máslem a moukou do mrazáku, aby se při práci na dalších krocích nerozpustila.
d) Do středně velké mísy přidejte vejce a promíchejte.
e) K vejcím přidejte kokosové mléko a vanilku a promíchejte.
f) Mokré ingredience nalijte na rozdrobené máslo a pomocí stěrky míchejte, dokud se nespojí. Těsto by mělo být dostatečně husté, aby drželo tvar. Dejte kokosové mouce alespoň jednu minutu, aby absorbovala veškerou tekutinu. Pokud není těsto dostatečně

husté, přidejte do těsta po 1 lžíci kokosové mouky, dokud nebude mít požadovanou tloušťku.
g) Do těsta přidejte borůvky a promíchejte, aby se spojily.
h) Velký plech vyložte pečicím papírem a těsto položte na pečící papír.
i) Rukama nebo špachtlí vytvarujte těsto do tvaru kruhu, který je 8 palců široký a asi 1 palec silný.
j) Plech s těstem dejte do mrazáku, aby ztuhlo. Zmrazte na 30 minut.
k) Předehřejte troubu na 400 ° F.
l) Vyjměte z mrazáku a nakrájejte na 8 klínků.
m) Klínky oddělte, aby se upekly jako samostatné plátky.
n) V misce vhodné do mikrovlnné trouby rozpusťte v mikrovlnné troubě 1 lžíci másla.
o) Každý klínek potřete nebo potřete lžící máslem. Posypte cukrem.
p) Pečte 25 minut nebo dokud okraje nezezlátnou a vršky pevné.
q) Koláčky ochlaďte na chladicím roštu.
r) Chcete-li vytvořit polevu, vložte moučkový cukr do malé misky. Přidejte citronovou šťávu a míchejte, dokud se poleva nespojí. Pokud chcete, aby byla poleva řidší, přidejte více citronové šťávy.
s) Vychladlé koláčky pokapejte citronovou šťávou a podávejte.

79. Zázvorové a rybízové koláčky

SLOŽENÍ:
- 1 vejce, rozšlehané
- 3 polévkové lžíce hnědého cukru, balené
- 1 lžička rumu nebo extraktu s příchutí rumu
- 1 lžička prášku do pečiva
- 2 polévkové lžíce mléka
- 1 hrnek univerzální mouky
- ¼ šálku másla, změkčeného
- ¾ šálků rybízu
- 2 polévkové lžíce kandovaného zázvoru, nakrájeného

INSTRUKCE:
d) Ve velké míse smíchejte všechny ingredience, dokud se dobře nespojí. Těsto rozdělte na 8 až 10 kuliček; zploštit.
e) Koláčky naaranžujte na nevymaštěné plechy.
f) Pečte při 350 stupních 15 minut nebo dozlatova.

MINIATURNÍ DORTY

80.Třešňový kávový dort

SLOŽENÍ:
- 1¾ šálků směsi na pečení sušenek, rozdělených
- 1 vejce, rozšlehané
- ½ šálku cukru
- ¼ šálku mléka
- ½ lžičky vanilkového extraktu
- ⅛ lžičky soli
- 21-uncová plechovka náplně z třešňového koláče, částečně okapaná
- ½ šálku hnědého cukru, balené
- ⅓ šálků nasekaných vlašských ořechů
- ½ lžičky skořice
- 3 polévkové lžíce másla, nakrájeného na kostičky

INSTRUKCE:
a) Smíchejte 1½ šálku směsi na pečení, vejce, cukr, mléko, vanilku a sůl. Míchejte do hladka. Směs vtlačte do lehce vymazaného pekáče 8" x 8".
b) Lžící koláčové náplně přes směs na pánvi.
c) Zbývající pečící směs, hnědý cukr, ořechy, skořici a máslo smíchejte pomocí mixéru na pečivo nebo vidličkou, dokud se nerozdrobí.
d) Potřeme koláčovou náplní.
e) Pečeme při 375 stupních 30 minut. Nakrájíme na čtverečky.

81. Mini Victoria piškotový dort

SLOŽENÍ:
PRO HOUBU:
- 2 vejce
- 100 g (asi 3,5 unce) másla, změklého
- 100 g (asi 3,5 unce) moučkového cukru
- 100 g (asi 3,5 unce) samokypřící mouky
- ½ lžičky prášku do pečiva
- ½ lžičky vanilkového extraktu

K NÁPLNĚ:
- Jahodový nebo malinový džem
- Šlehačka

INSTRUKCE:
a) Předehřejte troubu na 180 °C (350 °F). Vymažte a vyložte formu na mini cupcake nebo dort.
b) V míse vyšlehejte máslo s cukrem do krémova. Přidávejte vejce jedno po druhém a po každém přidání dobře promíchejte. Vmícháme vanilkový extrakt.
c) Prosejeme samokypřící mouku a prášek do pečiva a poté vmícháme do směsi.
d) Těsto nalijte do mini dortové formy.
e) Pečte asi 12–15 minut, nebo dokud koláčky nezezlátnou a na dotek pruží.
f) Po vychladnutí rozkrojte každý mini dort vodorovně na polovinu. Jednu polovinu potřete marmeládou a šlehačkou, druhou položte navrch.
g) Poprášíme moučkovým cukrem a podáváme.

82. Mini Lemon Drizzle Cake

SLOŽENÍ:
- 2 vejce
- 100 g (asi 3,5 unce) másla, změklého
- 100 g (asi 3,5 unce) moučkového cukru
- 100 g (asi 3,5 unce) samokypřící mouky
- Kůra z 1 citronu
- Šťáva z 1 citronu
- 50 g (asi 1,75 unce) krystalového cukru

INSTRUKCE:
a) Předehřejte troubu na 180 °C (350 °F). Vymažte a vyložte formu na mini cupcake nebo dort.
b) V míse ušlehejte máslo a moučkový cukr do krémova. Přidávejte vejce jedno po druhém a po každém přidání dobře promíchejte.
c) Prosejeme samokynoucí mouku a přidáme citronovou kůru. Míchejte, dokud se dobře nespojí.
d) Těsto nalijte do mini dortové formy a pečte asi 12–15 minut, nebo dokud koláčky nezezlátnou.
e) Zatímco se koláče pečou, smíchejte citronovou šťávu a krystalový cukr, abyste vytvořili polévku.
f) Jakmile koláčky vyjdou z trouby, propíchněte je vidličkou nebo párátkem a pokapejte je citronovo-cukrovou směsí.
g) Před podáváním nechte koláče vychladnout.

83. Mini čokoládové Éclairs

SLOŽENÍ:
PRO CHOUX CESTO:
- 150 ml (asi 5 uncí) vody
- 60 g (asi 2 unce) másla
- 75 g (asi 2,5 unce) hladké mouky
- 2 velká vejce

K NÁPLNĚ:
- 200 ml (asi 7 uncí) smetany ke šlehání
- Čokoládová ganache (vyrobená z rozpuštěné čokolády a smetany)

INSTRUKCE:
a) Předehřejte troubu na 200 °C (390 °F). Plech vyložte pečícím papírem.
b) V hrnci zahřejte vodu a máslo, dokud se máslo nerozpustí. Odstraňte z ohně a přidejte mouku. Intenzivně mícháme, dokud se nevytvoří koule těsta.
c) Těsto nechte mírně vychladnout, poté do něj po jednom zašlehejte vejce, dokud nebude hladká a lesklá.
d) Pečivo z choux naneste lžící nebo trubičkou na plech v malých tvarech éclair.
e) Pečte asi 15–20 minut, nebo dokud nejsou nafouknuté a zlaté.
f) Po vychladnutí rozřízněte každý éclair vodorovně na polovinu. Naplňte šlehačkou a pokapejte čokoládovou ganache.

84. Mini kávový ořechový dort

SLOŽENÍ:
NA DORT:
- 2 vejce
- 100 g (asi 3,5 unce) másla, změklého
- 100 g (asi 3,5 unce) moučkového cukru
- 100 g (asi 3,5 unce) samokypřící mouky
- 1 polévková lžíce instantní kávy rozpuštěná v 1 polévkové lžíci horké vody
- 50 g (asi 1,75 unce) nasekaných vlašských ořechů

NA POLOVU:
- 100 g (asi 3,5 unce) změklého másla
- 200 g (asi 7 uncí) moučkového cukru
- 1 polévková lžíce instantní kávy rozpuštěná v 1 polévkové lžíci horké vody

INSTRUKCE:
a) Předehřejte troubu na 180 °C (350 °F). Vymažte a vyložte formu na mini cupcake nebo dort.
b) V míse ušlehejte máslo a moučkový cukr do krémova. Přidávejte vejce jedno po druhém a po každém přidání dobře promíchejte.
c) Prosejeme samokypřící mouku a přidáme rozpuštěnou kávu. Míchejte, dokud se dobře nespojí.
d) Vmícháme nasekané vlašské ořechy.
e) Těsto nalijte do mini dortové formy a pečte asi 12–15 minut, nebo dokud koláčky nezezlátnou.
f) Po vychladnutí připravte kávovou polevu smícháním změklého másla, moučkového cukru a rozpuštěné kávy.
g) Mini dortíky ledujte a podle potřeby ozdobte nasekanými vlašskými ořechy.

85. Mini odpolední čajové koláčky

SLOŽENÍ:
NA ČAJOVÉ KOLÍČKY:
- 3 lžíce neslazeného kakaového prášku
- 1 lžička jedlé sody
- 1 hrnek univerzální mouky
- ½ šálku horké vody
- 1 lžička vanilkového extraktu
- 3 lžíce nesoleného másla, rozpuštěného
- ⅓ šálku strouhaného kokosu
- 1 velké vejce
- ½ šálku zakysané smetany

NA glazuru:
- 1 lžíce nesoleného másla
- 1 hrnek prosátého cukrářského cukru
- 2 lžíce vody
- ¼ lžičky mleté skořice
- ½ unce neslazené čokolády
- 1 lžička vanilkového extraktu

INSTRUKCE:
NA ČAJOVÉ KOLÍČKY:

a) Předehřejte troubu na 375 stupňů F (190 stupňů C). Dvanáct 2½palcových košíčků na muffiny vyložte papírovými vložkami.

b) Do malé misky dejte kakaový prášek a vmíchejte ½ šálku velmi horké vody z kohoutku, aby se kakao rozpustilo.

c) Ve velké míse smíchejte rozpuštěné máslo a cukr. Šlehejte elektrickým šlehačem, dokud se dobře nesmíchá.

d) Přidejte vejce a šlehejte, dokud nebude směs světlá a krémová, což by mělo trvat asi 1 až 2 minuty.

e) Vlijte rozpuštěnou kakaovou směs a šlehejte, dokud není těsto hladké.

f) V samostatné malé misce smíchejte zakysanou smetanu a jedlou sodu. Tu vmícháme do směsi máslo-cukr-kakao.

g) Přidejte univerzální mouku a vanilkový extrakt a rychle šlehejte, dokud se ingredience rovnoměrně nesmíchají. Vmícháme strouhaný kokos.

h) Těsto nalijte do košíčků na muffiny, rovnoměrně je rozdělte a naplňte je asi do tří čtvrtin.
i) Pečte přibližně 20 minut, nebo dokud vrchní části koláčků při lehkém doteku nevyskočí a párátko zapíchnuté do středu nevyjde čisté.
j) Čajové koláčky vyjměte z košíčků na muffiny a během přípravy polevy je nechte na mřížce mírně vychladnout.

NA ČOKOLÁDOVOU PLAVINU:
k) V malém hrnci smíchejte máslo se 2 lžícemi vody. Umístěte na mírný oheň, přidejte neslazenou čokoládu a míchejte, dokud se čokoláda nerozpustí a směs mírně zhoustne. Odstraňte z ohně.
l) V malé misce smíchejte prosátý cukrářský cukr a mletou skořici. Vmíchejte rozpuštěnou čokoládovou směs a vanilkový extrakt, dokud nezískáte hladkou polevu.
m) Na každý teplý čajový koláč rozetřete přibližně 2 lžičky čokoládové polevy a nechte důkladně vychladnout.
n) Tyto odpolední čajové koláčky s čokoládovou polevou s vůní skořice jsou skvělým zážitkem, který si můžete vychutnat s čajem.

86. Mini Mrkvový dort Bites

SLOŽENÍ:
NA DORT:
- 2 vejce
- 100 g (asi 3,5 unce) rostlinného oleje
- 125 g (asi 4,5 unce) hnědého cukru
- 150 g (asi 5,3 unce) nastrouhané mrkve
- 100 g (asi 3,5 unce) samokypřící mouky
- ½ lžičky mleté skořice
- ½ lžičky mletého muškátového oříšku
- ½ lžičky vanilkového extraktu
- Hrst rozinek (volitelné)

NA KRÉMOVOU SYROVOU POLEVA:
- 100 g (asi 3,5 unce) smetanového sýra
- 50 g (asi 1,75 unce) změklého másla
- 200 g (asi 7 uncí) moučkového cukru
- ½ lžičky vanilkového extraktu

INSTRUKCE:
a) Předehřejte troubu na 180 °C (350 °F). Vymažte a vyložte formu na mini cupcaky nebo dort.
b) V míse prošlehejte vejce, rostlinný olej a hnědý cukr, dokud se dobře nespojí.
c) Vmíchejte nastrouhanou mrkev, samokypřící mouku, mletou skořici, mletý muškátový oříšek, vanilkový extrakt a rozinky (pokud používáte).
d) Těsto nalijte do mini dortové formy a pečte asi 12–15 minut, nebo dokud nejsou koláčky na dotek pevné a po zasunutí párátko nevyjde čisté.
e) Po vychladnutí připravte polevu ze smetanového sýra tak, že ušleháte smetanový sýr, změklé máslo, moučkový cukr a vanilkový extrakt.
f) Mini mrkvové koláčky ledujte tvarohovou polevou.

87.Mini červené sametové dorty

SLOŽENÍ:
NA DORT
- 2 vejce
- 100 g (asi 3,5 unce) másla, změklého
- 150 g (asi 5,3 unce) krystalového cukru
- 150 g (asi 5,3 unce) víceúčelové mouky
- 1 lžíce neslazeného kakaového prášku
- ½ lžičky jedlé sody
- ½ lžičky bílého octa
- ½ lžičky vanilkového extraktu
- Pár kapek červeného potravinářského barviva
- 125 ml (asi 4,2 unce) podmáslí

NA KRÉMOVOU SYROVOU POLEVA:
- 100 g (asi 3,5 unce) smetanového sýra
- 50 g (asi 1,75 unce) změklého másla
- 200 g (asi 7 uncí) moučkového cukru
- ½ lžičky vanilkového extraktu

INSTRUKCE:
a) Předehřejte troubu na 180 °C (350 °F). Vymažte a vyložte formu na mini cupcake nebo dort.
b) V míse ušlehejte máslo a krystalový cukr do krémova. Přidávejte vejce jedno po druhém a po každém přidání dobře promíchejte.
c) V samostatné misce smíchejte mouku a kakaový prášek.
d) V další malé misce smíchejte podmáslí, vanilkový extrakt a červené potravinářské barvivo.
e) Postupně přidávejte suché ingredience a směs podmáslí ke směsi másla a cukru, střídavě mezi oběma, počínaje a konče suchými přísadami.
f) V malé misce smíchejte jedlou sodu a bílý ocet, dokud nezačne šumět, a poté je rychle vmíchejte do těsta na koláč.
g) Těsto nalijte do mini dortové formy a pečte asi 12–15 minut, nebo dokud nejsou koláčky na dotek pružné.
h) Po vychladnutí připravte polevu ze smetanového sýra tak, že ušleháte smetanový sýr, změklé máslo, moučkový cukr a vanilkový extrakt.
i) Mini dortíky z červeného sametu ledujte tvarohovou polevou.

CROISSANTY

88. Croissanty s chlebem a máslem s Toblerone

SLOŽENÍ:
- 1 šálek smetany
- 2 lžíce moučkového cukru
- 1 lžička vanilkového extraktu
- 100 g mléčné čokolády Toblerone nalámané na kousky
- 6 Coles Bakery Mini Croissanty
- 2 vejce
- 16 mražených malin
- Moučkový cukr, na prach, volitelné

INSTRUKCE:
a) Předehřejte troubu na 180C/160C horkovzdušnou. Namažte čtyři 250ml nádoby vhodné do trouby.
b) Ve velkém džbánu ušlehejte smetanu, cukr, vanilku a vejce.
c) Každý croissant rozřízněte vodorovně napůl a poté napůl příčně.
d) Vložte croissanty do připravených pokrmů.
e) Zalijeme vaječnou směsí a necháme 10 minut nasáknout.
f) Navrch a mezi plátky croissantu položte čokoládu a maliny.
g) Pečte 25 minut nebo dozlatova a ztuhněte. Podle potřeby poprášíme moučkovým cukrem.

89. Croissanty Toblerone

SLOŽENÍ:
- 4 croissanty
- 125g roztíratelný smetanový sýr Philadelphia
- 100 g mléčné čokolády Toblerone nahrubo nasekané

INSTRUKCE:
- Croissanty nakrájejte vodorovně ostrým nožem. Spodní polovinu croissantů potřete Philly.
- Posypte Toblerone. Zavřete víko. Zabalte croissant do alobalu.
- Pečte při 150 °C 10 minut nebo dokud se neprohřeje.

90.Nutella a banánové croissanty

SLOŽENÍ:
- 1 plát listového těsta, rozmražený
- ¼ šálku Nutelly
- 1 banán, nakrájený na tenké plátky
- 1 vejce, rozšlehané
- Moučkový cukr, na posypání

INSTRUKCE:
a) Předehřejte troubu na 400 °F (200 °C).
b) Na lehce pomoučeném povrchu rozválejte plát listového těsta na čtverec o průměru 12 palců.
c) Čtverec rozkrojte na 4 menší čtverce.
d) Na každý čtverec rozprostřete lžíci Nutelly a kolem okrajů nechte malý okraj.
e) Na Nutellu položte několik plátků banánu.
f) Srolujte každý čtverec z jednoho rohu do opačného rohu a vytvořte tvar croissantu.
g) Croissanty dejte na plech vyložený pečicím papírem.
h) Croissanty potřeme rozšlehaným vejcem.
i) Pečte 15–20 minut, dokud nejsou croissanty zlatavě hnědé a nafouknuté.
j) Před podáváním poprášíme moučkovým cukrem.

91. S'mores Croissanty

SLOŽENÍ:
- 1 plát listového těsta, rozmražený
- ¼ šálku Nutelly
- ¼ šálku mini marshmallows
- ¼ šálku drobků z grahamového sušenky
- 1 vejce, rozšlehané
- Moučkový cukr, na posypání

INSTRUKCE:

a) Předehřejte troubu na teplotu uvedenou na obalu listového těsta. Obvykle je to kolem 375 °F (190 °C).
b) Na lehce pomoučené ploše rozmražený plát listového těsta rozválíme a lehce rozválíme na tloušťku.
c) Pomocí nože nebo vykrajovátka na pizzu nakrájejte listové těsto na trojúhelníky. Měli byste získat asi 6-8 trojúhelníků, v závislosti na velikosti, kterou preferujete.
d) Na každý trojúhelník z listového těsta potřete tenkou vrstvu Nutelly a na okrajích nechte malý okraj.
e) Vrstvu Nutelly na každém trojúhelníku posypeme drobenkou z grahamového kreru.
f) Umístěte několik mini marshmallow na strouhanku z grahamového sušenky a rovnoměrně je rozmístěte po trojúhelníku.
g) Začněte od širšího konce každého trojúhelníku a opatrně srolujte těsto směrem ke špičatému konci, abyste vytvořili tvar croissantu. Ujistěte se, že jste utěsnili okraje, aby náplň nevytekla.
h) Připravené croissanty položte na plech vyložený pečicím papírem a nechte mezi nimi prostor, aby se během pečení roztáhly.
i) Vršek každého croissantu potřeme rozšlehaným vejcem, které jim po upečení dodá krásnou zlatavou barvu.
j) Croissanty S'mores pečte v předehřáté troubě asi 15–18 minut, nebo dokud nezezlátnou a nafouknou se.
k) Po upečení vyjměte croissanty z trouby a nechte je mírně vychladnout na mřížce.
l) Před podáváním poprašte croissanty S'mores moučkovým cukrem, dodejte nádech sladkosti a atraktivní závěr.
m) Vychutnejte si své lahodné domácí croissanty S'mores jako lahodnou pochoutku k snídani, dezertu nebo kdykoli zatoužíte po lahodné kombinaci Nutelly, marshmallows a grahamových sušenek.

92. Snídaňové croissantové sendviče

SLOŽENÍ:

- 1 lžíce olivového oleje
- 4 velká vejce, lehce rozšlehaná
- Košer sůl a čerstvě mletý černý pepř podle chuti
- 8 mini croissantů, rozpůlených vodorovně
- 4 unce na tenké plátky nakrájené šunky
- 4 plátky sýra čedar, rozpůlené

INSTRUKCE:

a) Ve velké pánvi rozehřejte olivový olej na středně vysokou teplotu. Přidejte vejce a vařte za mírného míchání silikonovou nebo žáruvzdornou stěrkou, dokud nezačnou tuhnout; dochutíme solí a pepřem. Pokračujte ve vaření, dokud nezhoustne a nezůstanou žádné viditelné tekuté vejce 3 až 5 minut.

b) Naplňte croissanty vejci, šunkou a sýrem, abyste vytvořili 8 sendvičů. Pevně zabalte do plastové fólie a zmrazte po dobu až 1 měsíce.

c) Chcete-li znovu zahřát, odstraňte plastový obal ze zmrazeného sendviče a zabalte jej do papírové utěrky. Mikrovlnná trouba s překlopením do poloviny po dobu 1 až 2 minut, dokud se úplně nezahřeje.

93. Klasický croissant se slaninou, vejci a sýrem

SLOŽENÍ:
- 2 velké croissanty
- 4 plátky slaniny
- 2 velká vejce
- 2 plátky sýra čedar
- 2 lžíce nesoleného másla
- Sůl a pepř na dochucení

INSTRUKCE:
a) Předehřejte troubu na 350 °F.
b) Slaninu opečte na pánvi na středním plameni do křupava. Vyjměte z pánve a nechte okapat na plechu vyloženém papírovou utěrkou.
c) Vejce rozklepněte do malé misky a šlehejte vidličkou, dokud nejsou míchaná.
d) V nepřilnavé pánvi rozpusťte na středně mírném ohni 1 lžíci másla. Přidejte vejce a za občasného míchání vařte, dokud se nerozmíchají a neprovaří. Dochuťte solí a pepřem, podle chuti.
e) Croissanty rozkrojte podélně napůl a položte je na plech.
f) Do poloviny každého croissantu přidejte plátek sýru čedar.
g) Sýr položte na 2 plátky slaniny a kopeček míchaných vajec.
h) Croissant uzavřeme druhou polovinou a vršky potřeme zbylou lžící másla.
i) Pečte v předehřáté troubě 5-7 minut, nebo dokud se sýr nerozpustí a croissanty se neprohřejí.
j) Podávejte horké a vychutnejte si svůj lahodný croissant se slaninou, vejci a sýrem!

94. Pomeranč, mandlový croissant lepkavé housky

SLOŽENÍ:
NA NÁPLŇ LEPICÍHO BOLKU:
- ½ šálku nesoleného másla, změkčeného
- ½ šálku krystalového cukru
- ½ šálku světle hnědého cukru
- ¼ šálku medu
- ½ lžičky soli
- 1 lžička vanilkového extraktu
- ½ lžičky mandlového extraktu
- ½ šálku nakrájených mandlí
- 2 lžíce pomerančové kůry

NA CROISSANTOVÉ TĚSTO:
- 1 libra croissantového těsta
- Mouka na posypání

INSTRUKCE:
a) Předehřejte troubu na 375 °F.
b) Ve středně velké míse ušlehejte změklé máslo, krystalový cukr, světle hnědý cukr, med, sůl, vanilkový extrakt a mandlový extrakt do hladka.
c) Vmícháme nakrájené mandle a pomerančovou kůru.
d) Na lehce pomoučeném povrchu rozválejte těsto na croissanty na velký obdélník o tloušťce asi ¼ palce.
e) Lepkavou buchtovou náplň rovnoměrně rozetřeme na těsto na croissanty.
f) Počínaje delší stranou těsto pevně srolujte do polena.
g) Ostrým nožem nakrájejte poleno na 12 stejných kusů.
h) Vložte kousky řeznou stranou nahoru do vymazané 9palcové čtvercové zapékací mísy.
i) Pečte 25–30 minut, nebo dokud nebudou housky zlatavě hnědé a náplň bublinková.
j) Vyjměte z trouby a nechte 5-10 minut vychladnout.
k) Lepkavé housky vyklopte na velký servírovací talíř.
l) Podávejte teplé a vychutnejte si lahodné lepkavé housky s pomerančovým mandlovým croissantem!

95. Pistáciové croissanty

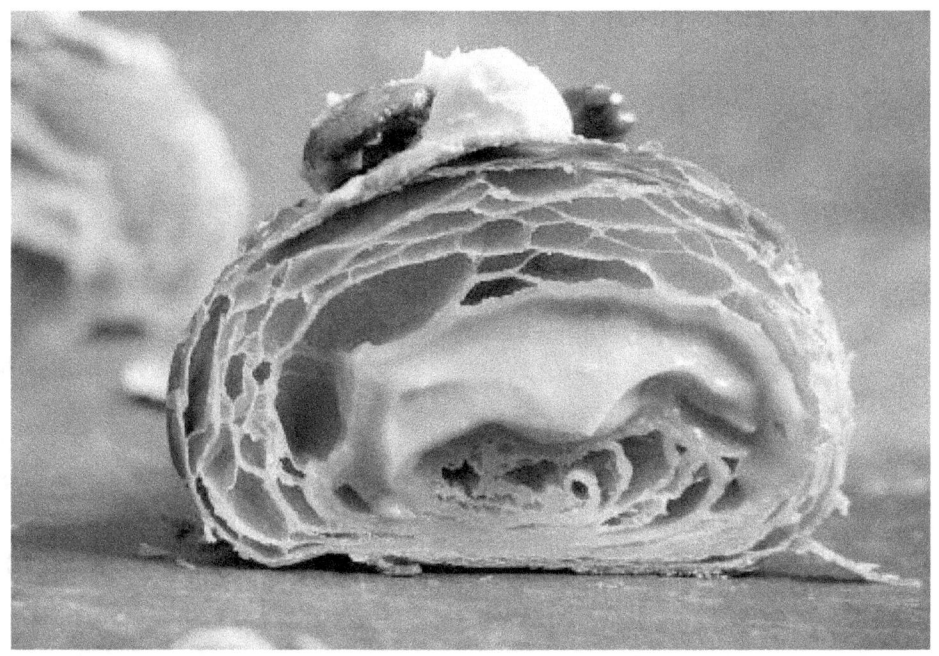

SLOŽENÍ:
- Základní těsto na croissanty
- 1 šálek pistácií, nasekaných
- ¼ šálku krystalového cukru
- ¼ šálku nesoleného másla, změkčeného
- 1 vejce rozšlehané s 1 lžičkou vody

INSTRUKCE:
a) Těsto na croissanty rozválíme na velký obdélník.
b) Těsto nakrájíme na trojúhelníky.
c) V míse smíchejte nasekané pistácie, cukr a změklé máslo.
d) Pistáciovou směs rozetřeme na spodní polovinu každého croissantu.
e) Nasaďte horní polovinu croissantu a jemně zatlačte.
f) Croissanty dejte na plech vyložený pečicím papírem, potřete rozšlehaným vejcem a nechte 1 hodinu kynout.
g) Předehřejte troubu na 400 °F (200 °C) a pečte croissanty 20–25 minut dozlatova.

96. Oříškové čokoládové croissanty

SLOŽENÍ:
- Základní těsto na croissanty
- ½ šálku lískových ořechů, nasekaných
- ½ šálku čokoládových lupínků
- ¼ šálku krystalového cukru
- ¼ šálku nesoleného másla, změkčeného
- 1 vejce rozšlehané s 1 lžičkou vody

INSTRUKCE:
a) Těsto na croissanty rozválíme na velký obdélník.
b) Těsto nakrájíme na trojúhelníky.
c) V míse smíchejte nasekané lískové ořechy, čokoládové lupínky, cukr a změklé máslo.
d) Na spodní polovinu každého croissantu rozetřete oříškovou čokoládovou směs.
e) Nasaďte horní polovinu croissantu a jemně zatlačte.
f) Croissanty dejte na plech vyložený pečicím papírem, potřete rozšlehaným vejcem a nechte 1 hodinu kynout.
g) Předehřejte troubu na 400 °F (200 °C) a pečte croissanty 20–25 minut dozlatova.

97.Malinové croissanty

SLOŽENÍ:
- Základní těsto na croissanty
- 1 šálek čerstvých malin
- ¼ šálku krystalového cukru
- 1 vejce rozšlehané s 1 lžičkou vody

INSTRUKCE:
a) Těsto na croissanty rozválíme na velký obdélník.
b) Těsto nakrájíme na trojúhelníky.
c) Na každý croissant položte čerstvé maliny.
d) Maliny posypeme krystalovým cukrem.
e) Každý trojúhelník srolujte, začněte od širšího konce, a vytvarujte z něj půlměsíc.
f) Croissanty dejte na plech vyložený pečicím papírem a nechte 1 hodinu kynout.
g) Předehřejte troubu na 400 °F (200 °C) a pečte croissanty 20–25 minut do zlatova.

98.Broskvové croissanty

SLOŽENÍ:
- Základní těsto na croissanty
- 2 zralé broskve, oloupané a nakrájené na kostičky
- ¼ šálku krystalového cukru
- ½ lžičky mleté skořice
- 1 vejce rozšlehané s 1 lžičkou vody

INSTRUKCE:
a) Těsto na croissanty rozválíme na velký obdélník.
b) V malé misce smíchejte na kostičky nakrájené broskve, cukr a skořici.
c) Broskvovou směs rovnoměrně rozetřeme po povrchu těsta.
d) Těsto nakrájíme na trojúhelníky.
e) Každý trojúhelník srolujte do tvaru croissantu.
f) Croissanty dejte na plech vyložený pečicím papírem, potřete rozšlehaným vejcem a nechte 1 hodinu kynout.
g) Předehřejte troubu na 400 °F (200 °C) a pečte croissanty 20–25 minut dozlatova.

99. Jahodové croissanty v čokoládě

SLOŽENÍ:
- 6 croissantů
- ½ šálku jahodového džemu
- ½ šálku polosladkých čokoládových lupínků
- 1 lžíce nesoleného másla
- ¼ šálku husté smetany
- Čerstvé jahody, nakrájené na plátky (volitelné)

INSTRUKCE:
a) Předehřejte troubu na 375 °F.
b) Každý croissant rozkrojte podélně napůl.
c) Spodní polovinu každého croissantu potřete 1-2 lžícemi jahodového džemu.
d) Vyměňte horní polovinu každého croissantu a položte je na plech.
e) Pečte 10-12 minut, nebo dokud nejsou croissanty lehce zlatavé.
f) V malém hrnci rozpusťte na mírném ohni za stálého míchání čokoládové lupínky, máslo a hustou smetanu, dokud nebudou hladké.
g) Vyjměte croissanty z trouby a nechte je pár minut vychladnout.
h) Vršek každého croissantu ponořte do čokoládové směsi a přebytek nechte okapat.
i) Croissanty v čokoládě položte na mřížku, aby vychladly a ztuhly.
j) Volitelné: Před podáváním položte plátky čerstvých jahod.

100. Perníkové croissanty

SLOŽENÍ:
- Základní těsto na croissanty
- 2 lžičky mletého zázvoru
- 1 lžička mleté skořice
- ¼ lžičky mletého hřebíčku
- ¼ lžičky mletého muškátového oříšku
- ½ šálku nesoleného másla, rozpuštěného
- ¼ šálku melasy
- 1 vejce rozšlehané s 1 lžičkou vody

INSTRUKCE:
a) Těsto na croissanty rozválíme na velký obdélník.
b) V malé misce smíchejte mletý zázvor, mletou skořici, mletý hřebíček, mletý muškátový oříšek, rozpuštěné máslo a melasu.
c) Na povrch těsta natřeme perníkovou směs.
d) Těsto nakrájíme na trojúhelníky.
e) Každý trojúhelník srolujte do tvaru croissantu.
f) Croissanty dejte na plech vyložený pečicím papírem, potřete rozšlehaným vejcem a nechte 1 hodinu kynout.
g) Předehřejte troubu na 400 °F (200 °C) a pečte croissanty 20–25 minut dozlatova.

ZÁVĚR

Když se blíží konec „NEJLEPŠÍ KUCHAŘKA NA RÁNO Cookbook", doufáme, že jste si užili zkoumání široké škály receptů a objevování nových oblíbených, které můžete přidat do své ranní rutiny. Ať už dáváte přednost sladkým nebo slaným pochoutkám, na těchto stránkách si každý najde něco.

Doporučujeme vám experimentovat s různými příchutěmi, přísadami a technikami, abyste si tyto recepty vytvořili podle sebe. Vaření je totiž stejně tak o kreativitě a objevování jako o dodržování pokynů. Nebojte se tedy vložit do těchto receptů svůj vlastní směr a upravit je tak, aby vyhovovaly vašim chuťovým preferencím.

Doufáme, že si při své kulinářské cestě budete vážit chvil strávených v kuchyni, vůní, které naplní váš domov, a radosti ze sdílení lahodného jídla s těmi, které máte rádi. Pamatujte, že rána jsou časem obnovy a výživy a není lepší způsob, jak začít den, než domácí dobrotou vyrobenou s láskou.

Děkujeme, že jste se s námi připojili k tomuto lahodnému dobrodružství. Ať jsou vaše rána plná tepla, smíchu a samozřejmě spousty lahodných pochoutek. Veselé pečení!

www.ingramcontent.com/pod-product-compliance
Lightning Source LLC
Chambersburg PA
CBHW070350120526
44590CB00014B/1071